稼ぐ男のパートナー VS 稼げない男のパートナー

はじめに

初めまして。ミリオネアマインドセットマスターコーチのＴＡＥです。

現在私は起業家や経営者、サロンオーナー、そして今後起業を目指す方へコーチングを通じて、その方の望む成功、夢の実現へのサポートをさせて頂いております。具体的には、自発的に脳内プログラミングを書き換える方法や、幸せと成功を手に入れるための目標設定メソッドの提供、成功習慣の定着化、自分の能力を過小評価せずに、能力を最大限引き出す方法など、今まで約３０００人を超えるクライアントにコーチングしてまいりました。

また、そのコーチングを土台に、夫がサラリーマンから起業後わずか8カ月で年収1億円を稼ぎ、次々に夢を実現させていくのを一番近くで見もし、支えてもきました。ゼロからスタートしたベンチャー企業は、1年半で月商1億円という驚異の売り上げをたたき出すことに成功したり、さらに3年で100億円の売上をたたき出した起業家のサポートもさせて頂きました。

2019年5月には、ディズニー、NASA、IBM、フェデックスなどの世界的な超優良企業の従業員を一流のビジネスマンに育ててきた、全米トップクラスのパフォーマンスコーチであるリー・ミルティアより、日本で唯一のミリオネアマインドセットマスターコーチの称号もいただきました。

私たち**人間が持つ潜在能力は未知数であり、魅力や才能はどんどん開花する**ことを、実体験を通し、また、多くのクライアントと関わる中でひしひしと実感している毎日です。

私自身も人生一度きりだからやりたいことをやりつくし、常に挑戦を続け満足いく人生を送りたい。また、そういう想いを持つ人たちを心から応援したいと思っています。

ここ数年で起業ブームが加速し、副業が当たり前になりました。そんな中、会社員から副業、起業され成功していく方の勝ちパターンを見ていると、必ず欠かせないものが見えてきます。

それは第1に「運」なのです。
とにかく**運の良い人がチャンスをどんどん掴み成功**していかれます。

成功者の中でも飛びぬけて稼ぎ、ビジネスも私生活も豊かに過ごせている人は、例外なく強運の持ち主であることが分かります。そして男性において「強運」になるための最大の鍵は、「妻やパートナーの支え、理解、協力」が非常に大きい事に気づかされるのです。

当たり前と言えば当たり前ですが、ここが会社員から起業を成功させる人の大きな分かれ道なんだなと改めて気づかされたのです。

起業だけではありません。会社員の方でも出世をして収入を上げ、生き生きと仕事もプライベートも充実させ幸せな人生を歩んでいく人と、毎日が愚痴や不満ばかりでいつもイライラしていて不機嫌で不幸そうにしている人には、奥様やパートナーとの関係性が大きく関わってくることが分かりました。

私のもとへは、起業したいけど妻から反対されている、自己投資のために資格を取りたいけど妻のご機嫌を取らないとスクールに通わせてもらえない、妻へ確認を取らないと車も使わせてもらえない、などといった悲痛な声やご相談も少なくありません。といいますか、何かしら奥様の壁に悩まれている男性が非常に多いのに驚きます。

本来夫婦はお互いに信頼し、理解し協力しあえる最高のパートナーであるはずが、いつからか夫婦間で何やら力関係が生まれてしまったり不協和音が生じてしまう。パフォーマンスアップコーチとして起業家に注目し出された3年前位からでしょうか。

私はなんだか最近の日本は女性がやたら輝いていて元気が良いけれど、それに比べて男性はどこか元気がないなぁ……と思い始めたのです。

男性がもっと元気で輝いてくれたら女性はもっと輝きます。

強くてたくましくてカッコいい男性がもっと増えてきたら、日本はもっと元気になるのではないだろうか……。

だからこそ、もっと日本にカッコいい男性を増やし、生き生きと自分の夢を本気で叶える、男気のある素敵な男性を増やすお手伝いがしたい!

いつからか私はあちこちで「**日本の男性をもっと元気に！　もっとキラキラギラギラ輝く男性を増やしたい！**」そう口にするようになっていました。そして、たくさんの方が「そうだそうだ！」と共感し応援してくれるようになったのです。

本書は、そんな思いから、私が接してきた３０００人のクライアントはもちろん、１００人のいまをときめく男性、成功している経営者に取材し、アンケート協力を仰ぎながら生まれた「最強のアゲマン本」として発刊しました。

今、日本は先進国からどんどん遅れを取り、経済成長率は２０１９年で０・７％と先進国では最下位。勢いのあるアジア諸国からは「日本が沈みゆく国」と言われているんだよ、と聞いた時にはとてもショックを受けました。

少子化が進み、若者が将来に希望を持てなくなっているという声もよく聞きます。

２０２０年の日本の出生率は１・34％。５年連続で低下しています。幸福度アンケートでは日本は世界で56位だそうです。豊かで四季折々が美しく、平和で安全で清潔な国なのに。56位とは実に驚きです。

色々と要因はあると思いますが、たくさんのクライアントを見てきて、成功している経営者を見てきて、私はもっと男性がキラキラと輝き、夢を語ったり仲間を応援することで、愛するこの国はもっと元気で活気があふれるのではないかと思っています。

今この本を手にされているあなたは、人生を変えたい、もっとより良くしたい、豊かになりたい、成功したい、自由になりたい、などと何かしら変化を求めていると思います。

時にはあなたにとって耳の痛い言葉が書いてあるかもしれません。しかしこの本を読み終える頃には、あなたは勇気と希望を持ち、「自分はいつからだって望む人生を歩めるんだ!」と確信を持っているはずです。

あなたの成功を、あなたの夢の実現を心から祈っています。

目次

Contents

Contents

Contents

CHAPTER 01

働く男性のほとんどは
ストレスを解消できない
ってホント？

パワフルなキラキラ女子が増殖中⁉

起業女子、起業ママ、インスタ映え、ＳＮＳ映えなど今の時代がつくった流行語。今日もあちこちで女子会が繰り広げられています。いつだってキラキラ女子達はオシャレにぬかりがなく、眩しく輝いています。

彼女たちは**外見磨きだけではなく、自己成長、自己啓発にも非常に熱心で意識が高く、ブラッシュアップが大好きでとにかくエネルギッシュ**です。

だからこそ自信に満ち溢れキラキラと輝いているのでしょう。

近年親しくしている友人がミセスジャパンという大会のファイナリストに選ばれ、会場まで応援に行きましたが、出場されていたミセスの皆様たちのまぁそれは目を見張る美しさ！　とにかく圧倒される華やかさで、会場はキラキラ眩しいくらいのエネルギーでいっぱいでした。皆様外見はもちろんとてもお美しいのですが、内側から出ているエネルギーもそれはそれは美しく輝いていました。

その時思ったのです。男性版のミスタージャパン大会もあるけれど、それはミスユニバースの男性版。若い独身男性の大会です。ミセスジャパンのように結婚されていて、お子さんもいらっしゃるミドルエイジのかっこいいミスタージャパンの大会もあったらいいのになぁと。チョイ悪オヤジなんて言葉が流行った時期もありましたけど、もっとキラキラ（ギラギラ？）輝く勢いのある男性が増えたら女性たちも嬉しいんじゃないかしら？　と思ったのです。

女性が自立し、女性は強くなった！　と言われます。それ自体はとても素晴らしいことだと思います。女性が活躍する社会は活気があり華やかです。様々な働き方や雇用の仕組みも確立されてきました。寿退社なんて言葉はもう死語で、結婚しても仕事を続けるのは当然。出産したら育児休暇を取り、職場に復帰するのも当たり前になってきました。妻、母、キャリアウーマンといった様々な役を忙しいながらもこなし、ライフステージに合わせ生き生きと輝いている女性が本当に多くなったなと感じています。

数年前から「これからは女性性の時代がやってくるよ」という声をあちこちで聞くようになりました。

強くありながらもしなやかで、慈愛に満ち溢れ、大いなる愛、受け止める愛に溢れている。女性はたくましくもあり、しなやかな柔軟性もあり、協調性もあり、愛に満ち溢れた女神のようなとてもパワフルな存在なのです。

最近の映画では女性が主役のものが多いとも聞きました。普段、私はあまり映画を見ないのですが、先日久しぶりに映画を観に行きました。するとなるほどハードな映画でも主役が女性のものがいくつもありました。これも**女性の時代がやってくる**！　という1つの現象なのかもしれません。

しかし、女性ばかりが輝いていく社会はどこか不協和音を発している気がしてなりません。いつしか私は「何かおかしいな……」と思うようになりました。魅力的な独身女性は多く、婚活市場も女性は皆さん大変熱心です。自分磨きが趣味！　という女性も少なくない。しかし、それに見合う独身男性の数が圧倒的に足りないのではないでしょうか？　実際男性からはこんな声が聞こえてくるのです。

「最近の男は元気がないからなぁ」「女は相変わらず強くてたくましいよなぁ」と。

今この原稿を書いているホテルラウンジでも見渡すと、複数の女性グループが楽しそうにおしゃべりをしていて、あちこちから楽しそうな笑い声が聞こえてきます。しかしスーツを着た男性たちは気難しそうな顔をして商談をしているようです。

ホテルのランチタイムには、華やかな女性グループをよく見かけます。子どもたちの話もしているのでおそらくママたちの集まりでしょうか。昼からシャンパンを片手にとても優雅で、そこからは発光しているかのようなエネルギーがあり同性から見てもパワフルだなぁ！　と感嘆の声が思わずもれます。

「最近の男は元気がないからなぁ」こんな言葉を男性からもしばしば耳にする時代です。男性は本当に弱くなってしまったのでしょうか？　女性に生気を奪われているのでしょうか？　それとも現代の女性たちがあまりにも強くたくましくなりすぎたのでしょうか？

このままいったらどうなるのでしょう。日本男児はどうなっちゃうのだろう？いつか娘をお嫁に出すつもりの私は、いつしか何とも言えない切ない気持ちを抱くようになりました。

CHAPTER 01
2

毎日がストレス!? 働く男性のリアルライフ

日々満員電車に揺られながらの会社通勤。人が不快に感じている第1位は通勤時間の満員電車という調査結果があるくらいです。「日々満員電車に乗り1時間以上の通勤は寿命が縮む」と言っている経営学者もいるようですが、私も会社員だった頃たった20分ほどの満員電車に乗るのですら非常にイライラしていたので、どれだけ会社通勤の満員電車がストレスの原因になるのかが非常によく分かります。朝は満員電車で一気にパワーダウン。そこから元気よく1日を始められるわけがありません。

中間管理職であれば、上司から矢継ぎ早に飛んでくる無理な指示や部下育成。

部下はもちろんのこと、さらに自分のノルマに追われるプレイングマネージャーも少なくありませんから、常にストレスと隣り合わせの毎日です。

管理職になったら残業代は出ないのに、責任だけはどんどん重くなり日々プレッシャーにさらされます。部下にはお手本となり良い恰好を見せなければいけないし、土日でも携帯電話ですぐに連絡が取れてしまいますから常に心も休まらない……。そうぼやく男性も少なくありません。接待飲みや接待ゴルフ。お得意様との時間外労働もつきものです。休みなんてあってないようなもの。トラブルがあればすぐさま出勤しなければならないでしょう。

日本人は働きすぎだ、と言われますが、もともと勤勉な日本人は力を抜くことがあまり上手ではないようです。**オンとオフの切り替えがうまくできずに常に仕事モードで、ストレスをなかなか解消できない男性も少なくありません。**

女性のように友達と会社帰りにオシャレなお店で美味しい食事とお酒を楽しみながら互いに愚痴を言いあったり、スイーツバイキングに行き、写真を撮りながらたっぷり美味しいスイーツを食べ大笑いしたり、カラオケボックスで盛り上がってスッキリ！　ということもできず、忙しすぎていつの間にか趣味からも遠のき、仕事と家庭の往復で1週間があっという間に終わってしまう。唯一お楽しみのビールは家計のためにと発泡酒にさせられる（実際によく耳にする話です）。

働く男性のストレスはいったいどこで解消されるのだろうか？　と心底心配になってしまいます。

CHAPTER01 3

男女平等という名の弊害

男女平等という言葉が当たり前の時代になりました。もしかしたら、この男女平等が弊害を生んでいないでしょうか？　先日ある工場の現場管理を任されている男性にお話を伺いました。そちらの企業では女性管理職や女性工場長を配置することがここ数年でスタンダードになったそうです。

しかし管理職や工場長になった彼女たちの口からは「管理職になんてなりたくなかったのに」「工場長で自分より1回り以上年上の男性に指示をするのは気を遣うし、正直とてもしんどいし気が重い」というような愚痴や不満がよく出てくるそうです。そもそも男女平等という名がひとり歩きして、都合のよいところだけ切り取られていないでしょうか。

またある企業ではキャリアの長い女性は管理職になるための試験を上司から勧められるそうですが、「女性のみんなが管理職になりたいわけじゃないのに、会社は表面的に女性管理職を作りたいだけ」という課長職の女性からの内情を聞きました。もちろん、**管理職となりキャリアアップを望む女性も多いでしょうが、必ずしもそうではないということ**ですね。

男性には男性の得意とする部分や特性、女性には女性の得意とする部分があると思うのです。それを最低何人かは女性管理職を置くことになった、と見せかけだけの男女平等、名ばかりの女性管理職にさせられて辛い思いをされている女性の声も聴きます。そうなってしまうと本末転倒です。

CHAPTER01
4

草食男子、絶食男子は女性に全く興味がない!?

強くたくましくなりすぎた女性たちに圧倒されいつしか疲弊する男性たち。いまや「生涯結婚はしたくない」という男性は30～40代で20パーセント以上いるという彼らの本音はどうなのでしょう? 実際に結婚したくない、と思っている男性のリアルな声を聴いてみました。

「自分はパートナーとして必要とされてないと思う」「そもそも結婚に意味を感じない」「責任を負いたくない」というような声が多かったのです。女性も総合職でバリバリと働き、週末起業や副業、女性起業家たちが増えていくなか、そのパワーに圧倒され、女性は男性が守るもの、という考えはもう古いんだ、これからの時代は自立している女性がかっこいい！　男に頼らない生き方が素晴らしい！　という考えが横行しているように思います。果たして本当にそうなのでしょうか？

離婚歴のある女性たちの8割以上はまたパートナーとめぐりあいたい、と思っています。となると一生ひとりで過ごすのはやはり寂しい、と思う女性が多いということでしょう。

実際にリアルな男性の声を聴いてみました。30〜42歳までの独身男性（離婚経験者を含む）１００名にアンケートを取ってみました。

生涯独身でいたい方は34人。よっぽど価値観の合う女性と出会ったら結婚したいと答えられたのは43人。どちらともいえないと答えた方が23人でした。

生涯独身でいたい理由は、

●周りの既婚者を見ていると幸せそうに思えない
●自分のやっていることを理解してくれる女性はなかなかいない
●自由でいたい、縛られたくない
●男同士でいるほうが気楽で楽しい

というもので、「周りの既婚者を見ていて幸せそうに思えない」という声が圧倒的に多かったのです。

周りに幸せそうな既婚者がいないとは悲しいですね。

結婚=不自由という図式が出来上がっているのでしょうか?

この辺りは結婚願望のある未婚女性とギャップが生まれるところです。

CHAPTER 02

年収3千万円以上の男性9割が家事をしない理由

CHAPTER02 1

男性はシングルタスク、女性はマルチタスク

ある時期から私は年収が高い既婚男性のほとんどは家事を全くしないという事実に気がつきました。そこから経営者の方や起業家の方とお会いするたびに「あなたは家事をされますか?」「また家事をされない理由はなんですか? それに対して奥様はどうされているのでしょうか?」という質問を必ずするようになったのです。

すると、9割の方は家事を全くしない、という結果にいきついたのです! 詳しくお聞きすると、家事というならせいぜいお皿を流しに運ぶとか皿をティッシュでふく、とかその程度です。

このような事実をお話しすると、「家事をしないのはその男性の年収が高いからでしょう?」と思われるかもしれませんが、実際そうではないのです。

家事をしなかったから、昇格し年収が上がったのです。

家事をしなかったから、条件の良い企業へ転職し年収が上がったのです。

家事をしなかったから、サラリーマンから起業して稼いでいるのです。


これはいったいどういうことなのでしょうか?


彼らは家事をする暇があるなら、とにかくビジネスの勉強をする、セミナーへ行く、本を読み漁り知識を増やす、成功者へ会いに行く、同じように起業している人たちの話を聞く、そしてアウトプットをする、という収入を上げるための行動をしていたのです。

家事をする時間の全てをビジネスの成功のため、将来のための勉強に割いていたのです。

本来女性はマルチで一度に色んなことができます。並行して複数の事をこなせるのです。女性のほうが器用で優秀なのです。逆を言うと、男性は一度に色々なことを並行してこなしていくのは難しく、1つのことに集中して没頭する事が向いています。

そうすると、仕事もして家事もしてビジネスの勉強もして……というのは、かなり難易度が高いでしょう。ですからビジネスで成功したい！　という男性のほとんどはとにかく「集中」して、ひたすら成功のために学び行動をしているのです。もちろん、家事をせずに家でただゴロゴロしてゲームをしたり漫画を読んだりテレビを見ている、というのは言語道断ですけどね。

CHAPTER 02
2

家事をすればするほど気持ちが萎える

「家事をするとビジネスで成功しよう！　とにかくガムシャラに頑張ろう！　突き進もう！　という情熱は一気に下がり、野心がなくなっていく」ある経営者様がこんなことを言われていました。なるほどなぁ、ととても共感したのを覚えています。

仕事でくたくたになって帰ってきたのに、妻は帰るや否や「お風呂掃除お願いね」「そこにある洗濯物ついでにたたんでおいて」「食べた後は自分のお皿洗いお願いいね」などと言う。

　そして少しずつ英気が失われていく。なんだか**いつも疲れているし仕事のモチベーションも上がらない**。ビジネスで成功したいなんてこれっぽっちも思わない。だって毎日がぐったりだから。

　読もう、と思って定期購読しているビジネス本は机に積まれたまま。そして週末はまた家事をさせられ、さらには家族サービスでくたくた。また1週間がやってくる。サザエさん症候群に陥る。月曜日の朝は気が重く体も心も鉛のようだ……。


　以前冗談まじりである男性からこんなお話を聞きました。

「私は妻に下僕のように働かされているんです」

「え!? 下僕ってどういうことですか?」

「毎朝5時半に起きて家を出るまでの1時間で洗濯をし、ゴミを出して出社します。家に帰ってからは洗い物をして、会社に着ていくワイシャツにアイロンをかける。そして子ども達の宿題を見たり、風呂に入れたり。1日がフル稼働で自分の時間なんて全くないですよ」

「それでいいのですか？　自分の時間が全くないということに対して不満に思ったりストレスになったりしませんか？」と尋ねると「はい。もうなんだかね、どうでもよくなってしまって。結婚して子どもができると男なんてこんなもんなのかな、って。それに子ども達は私になついて可愛いですからね」

そう元気のない微笑みを返してくれたNさん。

でも本音はと言うと、**株やＦＸを勉強しもっと自由になるお金も欲しいし、もっと自由に趣味にお金をかけたり旅行へ行ったり豊かになりたい**と思っている。ＦＸを学ぶ塾にも入りたいと思っているそうですが、とてもじゃないけどお金がかかるし、そうなると子ども達の世話をする時間も減ってしまうので、恐ろしくて奥様に言い出せないそうです。

下僕、とまではいかなくともこの手の話を聞く機会も実は少なくありません。

育メン、家事メン、といった言葉が浸透してきた現代の社会、男性は仕事ももちろんですが、育児や家事のスキルも人並み以上に求められる時代となってきたのでしょうか?

CHAPTER 02
3

家事をしない男性は結果を出すのが速い

話は戻りますが、ではなぜ年収3千万円以上の男性9割が家事をしなかったのでしょうか？

彼らは最短最速で「成功」したかったからです。すなわち結果をすぐに出したかったからです。

ビジネスで結果を出すのに一番必要なのは「集中」することです。特に軌

道に乗るまでは一番馬力をかける時期であり、とにかく集中することが最重要です。

そのタイミングで「仕事も家事も両立してね」「結婚する時に家事は分担という約束だったわよね」などといわれると意識があちこち散漫となり、ストレスや不満がたまってビジネスどころか会社での出世も危ういかもしれません。

成功者は知っています。いかに集中する時間を作りだす事が大切なのかを。時間は誰にでも平等であり有限です。1点集中すればするほど結果が出るのは速いのです。逆を言えば、あちこち手を出せば出すほど、どれも結果が思うように出ず、中途半端になってしまうものなのです。

特に男性は複数のことを同時に行うのが本来苦手な人が多いです（ホリエモンくらいのレベルになると、いくつものタスクを同時進行してハイスピードでこなし実績を上げ、圧倒的な成功をされていますが、そういうのは非常に稀だと思います）。

だからこそコレ！　と決めた道があるのなら、とにかく集中し、成果が出るまでは検証を繰り返しながら徹底してやってみることが成功の近道だと私は数多くの成功者を見て確信したのです。

とにかく**集中することを一番大切にする**。そのために自分の時間を捻出することが成功への近道だと思います。

妻が家事をするのは決して当たり前ではない

ここまで本を読まれたあなたは、「なーんだ、じゃあ男は家事なんてしなくていいじゃんか！」と目新しい武器を手にして、奥様に水戸黄門の印籠のように「ほれここに書いてあるだろ！」とさきほどのページを見せようとしていらっしゃるかもしれませんね？　しかし、少し待ってくださいね。

家事をしてもらうことは決して当たり前と思ってはいけないのです！

家事自体は難しいことは何もありません。しかし家事に終わりというものはなく、完璧にしようとするなら無限に時間がかかるものです。どこまでもやることがあり、エンドレスなのです。

実際私は家事が苦手ですし、決して好きではありません。やらなくていいのならやりたくないのです（もちろん、家事が得意！　家事が大好き！　という女性もたくさんいらっしゃいますよ）。

それを奥様にやってもらっているんだ、ありがたい、という心をどうか忘れないでください。

妻をねぎらう気持ち、感謝の気持ち、感謝を形に表すことを是非意識してやってみてください。

「いつもありがとう」その一言を言葉にして伝える。たまには奥様の好きなお花を買って帰る、好きなスイーツを買って帰る。

「感謝しているよ」「助かっているよ」と言葉や態度でさりげなく表すことができたら女性は満たされますしもっと頑張ってみよう、と思ってくれますよ。

夫として最もやってはいけないのが、家事は妻にやってもらうのが当たり前だ、という勝手な思い込みです。そして奥様がしてくれることに対してあれこれ文句を言うなんてもってのほか。お願いしたいなら伝え方も大切です。

「家事をしてくれていつもありがとう、助かってるよ、こうして仕事に集中できるのもあなたのおかげだよ」

という気持ちを言葉や態度で表してみてほしいと思います。きっと今より夫婦関係がうまくいき、仕事もしやすくなること間違いなしですよ。

CHAPTER 03

ビジネスで成功するなら結婚しない方がいい？

CHAPTER 03
1

キラキラ女子たちのセレブランチ事情

冒頭でも少し書きましたが、とにかくホテルのラウンジでは女子会が繰り広げられている姿をよく目にします（男子会はほとんどなさそうですね）。

ちょっとここではある夫婦のランチ事情を見ていきましょう。


妻はインスタ映えを狙ってホテルでセレブランチ、「泡〜♪」とシャンパングラスを片手に満面の笑み。こんな写真もSNSでしばしば目にします。高級レストランでは女子会プランが大人気です。ホテルのランチはいつも女性客でにぎわっている。

こんな風景をよく目にされる方も多いのではないでしょうか。

その一方、夫は営業車の中でコンビニのおにぎりやマックでワンコインランチ。お昼代を節約して飲み代に回そうとけなげな努力をしています。

妻のランチ代と夫の飲み代が同じ！　もしくは妻のランチ代のほうが高いという事実。これではあまりに気の毒ですね。

CHAPTER 03

2

結婚した途端小遣い制になる夫たち

「うちは小遣い3万円」「え？　3万円⁉　うちは5万円だよ～」「え～‼　5万って高いよ～、もっと安くしなきゃ～」と言い、趣味のスポーツ観戦、釣り、サーフィン、ゴルフまでとりあげられる。「お金がかかるからやめて」と言いながら妻はブランド品を買い、セレブランチをし、友人とアロマやお茶会、ジム通い、と自分磨きに余念がない。**夫の趣味はダメでも妻の趣味は良いらしい。**

仕事で毎日頑張ってるんだから、たまのゴルフや釣り、サーフィンくらい行かしてあげたらいいのに。そのほうが英気を養ってリフレッシュし、仕事だってまた一生懸命頑張ってくれると心から思うのです。

趣味の道具1つ買うのに、必死で妻のご機嫌を取るようでは本当に何のために働いているのかわからなくなってしまいますね。

小遣い制ならまだましな方で、中には「都度申告制」という形式を取られている方もいると聞きました。何かお金が必要な場合は妻に申告をする。飲み会があるから、5千円ください、そろそろずっと使っている営業バッグがボロボロになってきたので……という感じで何かあるたびに奥様に申告をする。それが却下される場合もあるとか。

「え？　でも、それはあなたが働いて稼いできたお金ですよね？　無駄なものを買うわけではないですよね？」と驚いてしまったのですが、飲み会の回数が制限されたり、何か大きなものが欲しい場合は妻にプレゼンをしないといけないのです、そう話されていた方もいらっしゃいました。

奇妙なルールがあるものです。

CHAPTER 03

3

夫がいかに家事をしてくれるかの自慢大会⁉

「うちは毎日朝ごはんは夫が作ってくれて、洗い物もしてくれるの」
「毎日のお風呂掃除とごみ捨ては結婚してからずっと夫の役目♡」
「うちは洗濯と〜、土日の掃除機は夫がかけてくれる〜♪」

時々耳にする夫の家事自慢。もちろん、夫が家事がたまらなく大好きで、残業でくたくたになって帰ってきても朝の出社がいつもより1時間早くても「俺、家事が大好きでさ、家事やってる時は至福の時間でリラックスできるんだよね」と「家事やってる時って最高にリフレッシュできるし、アイディアが降ってくるんだよね！」「愛する妻が喜んでくれるなら家事くらいなんてことないよ！」

ということなら話は別です。そういう場合は大いにやってもらえばいいと思いますし、友人の経営者は「皿を洗ってる時は無心になれる」とおっしゃっていて、奥様がお風呂に入っている間にお皿を洗うそうです。素敵ですね。

しかし、実際はどうなのでしょうか？　大半がそうではないと思います。夫である自分が家事をしている、というのを口外してほしくない男性もいるでしょう。**男性は本来カッコつけたい生き物です**。自分が妻の尻に敷かれている、というのを隠しておきたいのにこれではあんまりです。

いつの間にやら家事はお互い半々で、となっている。
いつの間にやら夫の負担が増えている。それを「うちの夫はいかに家事をしてくれるか」と意気揚々と自慢する妻たち。その姿を見て夫はどう感じるのでしょう。果たして嬉しいと思うでしょうか？

最近の女性起業ブームで、夫の家事自慢をする傾向が増えてきたように感じます。

先日こんな話も聞きました。夫は大変優秀なビジネスマンで仕事もバリバリこなす。タイムマネジメントが得意なので残業することもなく、毎日18時には自宅に帰宅していたそうです。

もともと飲食店でアルバイト経験が長かったので料理は得意、片付けも要領よくやってしまいます。

帰宅してから家族の食事を作り、食器の後片付けをする。その間、妻は何をするわけでもなくテレビを見たり雑誌を読んだり友達と電話したり。後片付けをしたら今度は子ども達を風呂に入れ、寝かしつけまで夫の役目です。それが当然となってしまったのですね。

当初は夫も仕事も家事もこなす自分に「俺って本当にできた夫だよなぁ」と思っていたそうです。しかし妻からは夫に対して感謝の言葉もなく、やってもらうのが当たり前という態度です。徐々に夫の不満はたまっていく一方。しかし不満を口にすることができなかった夫。

ついに**夫は妻との別れを決心してしまった**そうです。決断したら早く、妻がやり直したい、と頼んでも意志が固く結局離婚してしまったそうです。

このようなケースは実は少なくありません。男性ってその場で不平不満を言わずにためこんでしまう方が多いのですよね。それが爆発した時は悲しいかな、すでにもう手遅れなのです。

妻が家事も育児も放棄!? 疲弊する夫たち

私のもとへはこんなご相談が来ることもありました。

「私の妻は専業主婦ですが、家事を放棄しているんです。どうしたらいいでしょうか……」

「子ども達とはいつもファミレスかフードコート。自分のご飯は作ってくれたことがないんです」

びっくりするようなご相談。結婚して温かい家庭を持つことを夢見るのは、もしかすると今や女性より男性が多いのかもしれません。**実は女性より男性のほうがロマンチスト**なんですよね。

しかしながら現実は甘くないのです。温かい食卓、家族の団らんを味わえない男性が増えています。子どもができたとたん、夫である自分は隅に追いやられ、妻はいつも子ども優先。家で自分の居場所がない、家にいるとなんだか落ち着かない、そう感じる男性も増えています。

最終的に家に帰りたくない……。居酒屋でひとり飲みしたり、ファミレスやインターネットカフェで時間を潰してから帰るという男性のお話を耳にすると何とも切ない気持ちになってしまいます。

夫をATMと呼ぶ妻とATMになった夫の行く末

夫として大切にされていない気がする……。もはや妻は子どもが最優先で、何か頼もうものなら鬼の形相で「それくらい自分でやってよ！」「私だって忙しいのよ」と一蹴される。所詮俺は妻のＡＴＭなんだよ、なんて自虐ネタを口にするようになるともう先は見えてきます。結婚生活の意味が見いだせず、妻との距離は広がるいっぽうでやがて夫婦間は崩壊していきます。

本来家庭はリラックスし充電できる場所なはずなのに、家にいるとなんだか疲れが一層増してしまうし家にいるとかえってストレスがたまってしまう。**家に帰りたくない症候群**、がまさにこれですね。

しかし、夫が離婚を切りだした途端、妻は意地でも離婚しない！　と言い張るケースも多いそうです。

そうして数年が経過。家庭内別居状態です。そこに幸せはあるのでしょうか。

CHAPTER 04

家事をさせない、成功者の妻たち

なぜ夫に家事を求めないのか？

年収3千万円以上の旦那様の奥様は果たして家事を求めていないのか？

それも気になるところでしょう。私自身（現在では）夫に全く家事を求めませんが、果たして他の女性はどうなのか？　と気になり、徹底してリサーチしてみました。


「もともと結婚当初から家事をしてくれなかった」

「結婚する前に俺は家事が苦手だからお願いね、と言われていた」

これらが圧倒的に多い回答でした。

しかし、そこから夫に対して無理やり家事をさせよう、とはしておらず、夫の仕事に対する姿勢や夢を応援しているからこそ家事をさせようとは思わなかった、家事は私がやったほうが早いし、夫には仕事や大きな目標で成果を出してほしいと思っている、という声も多く、家事をやってくれるより、妻である自分のやりたいことを応援してくれたり、話を聞いてくれたりしてほしい、家事はいいから子どもの行事には積極的に関わってほしい、という声もありました。

またある時期から夫に家事をさせなくなった、という女性も少数ですがいらっしゃいました。それは起業など大きな転機があったり、仕事で今までと違ったチャレンジをするタイミングだったそうです。

自分が家事は全面サポートし、夫には仕事で成功してほしい、と思ったとおっしゃっていました。

なるほど、やはり**夫の仕事をサポートしたいから自分が家事を請け負う**。この気持ちが共通しているようです。

CHAPTER04
2

バリキャリ妻でも家事と仕事を両立できる理由

では、夫に家事を求めない妻は皆さん専業主婦なのでしょうか？　実はそうではありません。実際ご自身で会社を経営されている方や起業されている方、正社員で働かれている方もいらっしゃいました。では、なぜ家事を両立できるのでしょう？　これも気になるところです。まず**皆さん徹底して時間管理が上手**です。

1週間のタイムマネジメントをしっかりとされています。家事をする時は時間を決めて、食事も作り置きなどをうまく使い時短で食事作り。上手に食洗器や自動掃除機なども使い、うまく手を抜きながら家事をこなしていらっしゃいました。次に共通している点は**部屋が非常に綺麗！　整理整頓がきちんとされていて物が少ない**。物が少ないから散らかることもないし、何がどこにあるのか一目瞭然。無駄な動きがないのでしょう。

部屋が綺麗ということはそれだけ家でリラックスでき充電できます。仕事もうまくいくこと間違いなしですね。できる妻はこの事実を理解しています。

CHAPTER2で「家事をさせられるとビジネスで成功しよう、という熱が一気に冷める」とおっしゃっていた経営者様は後に再婚されていらっしゃいますが、その奥様は家事をすべてされるのだそう。特にお料理が得意だそうで、健康に良い食事をいつも作ってくれるそうです。結果、順調に経営を拡大されているのです。その理由はビジネスに集中できている環境があるからです。

ここで私の実例をお伝えしたいと思います。

今でこそ私は夫に一切家事を期待しませんし、頼むことはありません。むしろ夫が家事をしない事をネタにしておりまして、「うちの夫は家事をしないしむしろ家事においては戦力外！」と笑って話すくらいです。

こうお伝えすると、女性の皆さんは「え！　TAEさんって仕事も忙しそうだし、お子さんもまだ小さいのに大丈夫なんですか？　よく我慢できますね！」とか「そんな旦那さんで腹が立ったりしないのですか？」とか「でも、それってあくまでTAEさんだからできたのでしょ。もともと家事が好きで得意だったのでしょう？」と言われることもあります。

ところがどっこい何を隠そう、**私は「家事が大大大嫌い！」だったのですよ！**夫と結婚する時、私の父が彼に言った一言は今でも思いだすと苦笑いしてしまうのですが、「うちの娘は家事を一切やったことがありません、片付けも苦手です。そこが親として本当に心配です、どうぞよろしくお願いします」。夫に向かって父は申し訳なさそうにこう言ったのです。きっと父も心底娘の家事能力の低さが心配だったのでしょう。

そうなのです、私は家事というものが大嫌いだったのです。特に片付けは大の苦手で社会人の頃はいわゆる「汚部屋」で生活をしていました。床には服や雑誌、書類が散乱。机の上は物置と化して本や書類が山積みで机として機能していない。ドレッサーの上も使いかけの化粧品がごっちゃり。ベッドの上まで本や雑誌や洋服が置いてありました！　そんな中でよく眠れていたものです。今思い出してもよくあんな部屋で生活できていたよなぁ……と思います（笑）。

かろうじて料理は嫌いではなかったし、一時期花嫁修行だわ、なんて言いながら友達と料理教室へ通っていたので人並みにはできましたが、洗いものは大嫌い。ちなみに裁縫は最も苦手で、家庭科の成績は2でした。

家庭科の課題は全て縫物が得意な友達にこっそりやってもらっていたくらいです。ですから、最初から家事が得意でさっさと片付けられるタイプでは到底なかったのです。ちなみに今でも決して家事が好きなわけではないですよ。

私のように片付けが苦手、という女性は少なくありません。クライアント様でも片付けるのが苦手です、家の中には物が溢れかえっています、という方はいらっしゃいます。そういう方は是非一度プロのお片付けレッスンを受けられるといいですよ。片付けられないのではなく、片付けのやり方が分からないだけなのです。

物が少なく、なおかつ合理的に整理されていると、実は家事が一気に楽になります。いかに合理的に動線を引くか、で家事の生産性は一気に上がりますし、とにかく物が少なければ散らからない。最初から物の置き場所を決めるだけで随分と私も片付けがスムーズになりました。

また、**家事代行サービスを使うのもお勧め**です。今では1時間2000円を切る低価格で請け負うサービスも出てきていますし、本当に幅広い家事代行サービスが増えていて、働くママや家事の苦手な女性の大きな味方だなぁと私もありがたい限りです。

昔の感覚では家事代行というとお金持ちの家庭でしか利用されないイメージだと思いますが、最近では小さなお子さんがいるご家庭や共働きのご家庭、ご年配のご夫婦の方など、一般家庭でもずいぶんと浸透しているそうです。ホリエモンも言っています。「家事が嫌いならやらなければいいんだ」「プロの手を使い、その空いた時間でビジネスの勉強をしたり、副業をしたりするほうがよほどいいだろう」と。

私のクライアント様の男性経営者は奥様に家事代行サービスを伝え、うまく利用しているようですし、知人の女性経営者の方の多くが家事代行サービスをうまく利用しています。

ストレスなく常に住環境が美しく整っている、これこそビジネスを成功させるためには不可欠ですね。

「なぜTAEさんは仕事もこなし、まだお子さんが小さいのに旦那さんに家事を手伝ってもらおうとしなかったのですか?」。そういうご質問も今まで非常にたくさん頂きました。そうですよね、そう思いますよね? 何度も言いますが、私はもともと家事は大嫌いだったのです。ですから結婚当初は夫に家事をしてもらうようにうるさく言っていたのです。

最初が肝心だと聞かされていたので、とにかく口うるさく毎日のように、

「これくらい手伝ってよ」

「ごみ捨ては仕事のついでに行ってね」

「あなたのご両親だって家事は夫婦で協力しなさい、って言っていたじゃない?」

そう言い続けていました。

なかなか重い腰をあげない夫に腹が立ち、夫の実家に帰った時などは、義理の両親に「夫は全く家事をしてくれなくて……本当に困っているんです」などと同情を買おう作戦までしていたくらいです。今思うとこれは実に最悪な手段で、我ながら呆れてしまいますが（笑）。

とにかく最初はあの手この手で夫に家事をしてもらおう、してもらおうと必死でした。しかし、夫は私がお願いしてものらりくらり。せめて月に2回のダンボールを処分する日はダンボールを潰してゴミ捨て場に持っていってね！とやっとのことで約束を取り交わしたのに、それすらしょっちゅう忘れてやらない始末だったのです！

あの手この手で言っても言ってものれんに腕押し、馬耳東風とはまさにこのこと。いくらうるさく言ってもやってくれなかったのです！

やらない人には勝てません。その当時私はまだコーチングに出会っていませんでしたから、今思うと私の伝え方も悪かったのですが……。そのうち私は夫には「家事をする」という神経回路がもともとないのだろう……とあきらめの境地に入ったのでした。あきらめると楽になるものです。

そんなことにエネルギーを使うのが突然なんだか馬鹿らしくなったのです。

その時ある本の一文がフッと頭に浮かんだのでした。「**夫に年収3千万円稼いでほしいなら風呂掃除なんて頼むのはおかしいんだ**」。確かこんな文章だったのですが、里中李生さんの何かの本でした。とにかく稼いでほしいなら男に家事をさせるのは大間違い！　仕事に集中させせよ！　という内容がそこには書かれていたのです。当時はふーん、そうなの？　家事を頼んじゃいけないの？　と、特に何も感じなかったのに、突然この一文がその瞬間、稲妻のように私の脳裏を走ったのです。

そうか！　やっぱりそうだったんだ！　そこから私は夫にはいっさいの家事を期待するのをやめました。その代わり、彼が真剣に取り組んでいたビジネスを精一杯応援することに決めました。

理由は明確で、単純に稼いで成功してほしかったからです。家事をするくらいならビジネスをして、メルマガの1本でも書いて、メルマガのネタ探して、勉強のために本を読んで、人に会って人脈を広げてきて！　とにかく**夫には徹底的にビジネスに集中してもらおう！**　と心に決めたのです。

私が一切の家事を夫には期待しないと決めてからは、夫が家事をやらなくて当然なのでストレスも全くなくなりましたし、何より夫のビジネスがそこからどんどん加速したのです。起業してわずか1年で年収が15倍になりました。今では、あの瞬間に里中李生さんの一文を思い出せた事に感謝の気持ちでいっぱいです。

この話は色々なシーンでお伝えしているのですが、女性の皆さんも非常に興味深く聴いてくれます。

ずっと会社員をしながら副業をされている男性の奥様が「TAEさんの話を聞いてから私は心を入れ替えて夫にいっさい家事を頼まなくなりました。

今までは食事の用意や片付け、皿洗いなどあれこれ頼んでいました。しかし夫にはもっともっと稼いでほしいし、成功してほしいから私が家事をやるようになりました。そうしたら、夫が副業でどんどん稼ぐようになったのです！ あっという間に会社員のお給料を超えて、いよいよ本格的に起業できそうなのです！ TAEさん本当にありがとうございます！」と喜びいっぱいで報告をしてくれました。

またある起業家の奥様も「夫は器用なので時々ならいいかな、と掃除や洗い物を頼んでいましたが、もっと成果をあげてほしくて、家事は全て私がやるようになりました。

すると、**今までやっていた事業がとんとん拍子に拡大し、売り上げが大きく上がった**のです！　ＴＡＥさんの言っていた通りでした！」とこの方もとても喜んでくださいましたし、夫婦仲も前にも増して良くなったそうで毎日が楽しいとおっしゃってくれました。

CHAPTER04
3

夫に家事を頼まなくても夫婦仲は良好である

妻ばかりが家事をして負担ではないのか？　妻はそれに対して夫にいらだったりしないのか？

そう感じる方もいらっしゃるかもしれませんね。

ところが、私がインタビューした女性たちは皆さん「うちは夫婦とても仲がいいんです」とおっしゃいます。

家事をストレスと感じず、家事＝大変という考えではない方が多かったです。

物事はとらえ方ですから、家事がとても大変で面倒くさい、と思えばそれは重労働になりますし、ストレスになりますが、家事をすることで心地よい暮らしができる、家事をすることで家族に喜んでもらえる、というとらえ方をするならストレスではなくなります。

私も一時期大変忙しい時期があり、食事を作るのが億劫になってしまったことがあります。外食は手軽だけど、飽きるし栄養も偏る。そんな時に娘が言ってくれた一言が「ママのご飯が一番美味しい。ママの唐揚げが世界一美味しい」だったのです。これで私は億劫だった食事作りも面倒にならなくなりました。私の場合は**家族が喜んでくれるとモチベーションも上がり、面倒な時も頑張れます**。

掃除は時々さぼってしまい、リビングの上が書類でごちゃごちゃしてくることもありますが、結局自分が散らかっているとイライラしてくるので、これも定期的に綺麗に片付ける習慣ができました。

「家事を夫に頼んで自分が思うようにやってくれないと逆にそのほうがストレスになる」「自分でやったほうが当然早いし勝手が分かっている」「忙しい夫に

家事をさせるより家族で遊びに出かけたり、夫婦で色々な話をしたい」「夫はいつも家族のために頑張ってくれているのだから家事くらい私がやってあげたい」そんなお声もありました。

夫に家事をしてもらおう！　とエネルギーをそこに使うのではなく、そこは自分が行い、夫には違うところで頑張ってもらおう、ということでしょう。

また家事は頼まないけど、育児には協力してもらっている、という女性は少なくありませんでした。これには私も大賛成です。育児って限られた時間しかできませんから、家事をするより育児を協力してもらう、これは大いにアリだと思いますし、父親という自覚を持ち、ますますビジネスを頑張る！　子どもができるからもっともっと稼がないと！　と思う男性は少なくありません。

実際に奥様が妊娠されてから覚悟が決まり、一気に稼いで望む未来を手に入れた起業家の男性も見てきました。愛する家族を守るのが男の役目。**父親になるということはビジネスももっと頑張ろう！　と思うエネルギーになる**ようです。これはとても素晴らしいことですよね。

家事をさせない代わりに夫に求めていること

それでは家事をさせない代わりに夫に求めていることはなんでしょうか？

私でしたら当然「**外に出て稼いできてもらう**」ことです（笑）。

今の私の場合は家事なんてしている暇があったら仕事頑張ってきて♡ これに尽きます。それでは他の女性はどうなのでしょうか？

圧倒的に多かった回答は、「仕事を頑張ってほしい」「成功してほしい」「次に結果を出してほしい」「今のビジネスを軌道に乗せるためそこに集中してほしい」でした。

それとこんなご意見もありました。「夫は夫で自分のビジネスをすごく頑張っている。だから、私のやりたいことや目標を同じように応援してほしい」。なるほど、女性は理解して共感してほしい生きものですから、無理やりやりたくない家事を嫌々するくらいなら、妻のやりたいことを応援してくれたり、妻の話をじっくり聞いてあげたりする時間を作る、これが理想かもしれませんね。夫婦でお互いの夢を語り合う、なんてとても素敵ですよね。

以前尊敬している70代の女性経営者の方からこんな話を聞きました。

「**夫婦のマスターマインド（二人以上の統一した願望や目標を持った人間の集まりのこと）が最高に強いから、夫婦は常に同じ方向を見て互いの夢を語り合うこと。それが幸せな夫婦の秘訣**なのよ」

我が家は日々夫とビジネスの話をします。お互いの夢や目標について語ります。夫婦は最高のマスターマインド。この言葉は私の心に深く刻まれているのです。家事をすることに意識を向けず、妻の話をしっかり聞き、理解し応援することでより良い夫婦関係が築けていけると思いますし、夫婦の絆が深まるのではないでしょうか。

CHAPTER 04

5

夢を支えてくれる妻を持つ男性にインタビュー！

そこで、家事全般を奥様に任せてご自身はビジネスをどんどん加速されている経営者や起業家の男性にインタビューをしてみました。

Q．家事を一切しないあなたを奥様はどう支えてくれたのか？　奥様にされて嬉しかったことや、仕事を頑張れたことはありますか？

またこれから起業を視野に入れたり挑戦したいことがある男性へのメッセージもお願いします。

「私は会社員になった頃からやりたいことがありました。ずっと夢を捨てきれずにきましたが、35歳になる前に一大決心をし、妻に会社員を辞めて起業したいと話したのです。それが家族のためにもなる、ということをしっかりと何度か話し合い、少しずつ分かってもらう事で家事は全て妻がやってくれました。私の夢を何度も語り理解してもらうことで会社員をしながら副業を開始しました。副業から1年後に起業し、今では会社員時代の4倍以上稼いでいます。自由になる収入や時間が欲しい真の目的は家族のため、妻のためであることをきちんと理解してもらえたらきっと応援してくれると思います」

（インターネットビジネス起業コンサルタント　O様）

「妻も仕事をしていますが、私が会社員を辞め独立した頃からかなり忙しくなり家に帰るのは深夜、会社に泊まり込みの日もあり、妻が仕事をうまく調整してくれてすべての家事をしてくれました。今思うと彼女も思うところがあったようですが、その時は文句1つ言わず、私がやりたいようにやらせてくれていました。たまの休みの日も接待でいないことが多く、そんな時はボソッと文句を言っていたこともありましたが。家事を強制されたことは一度もありません。週に一度は私の好物を作ってくれるのも嬉しいことです。まだうちは子どもも手がかかるので、普段は適当なものが多いのですがそれも感謝しています。時間は有限ですから会社員から脱サラしたいという方は特に、5分、10分、という時間も意識して大切にするべきだなと思います。家事が悪いというわけではないのですが、**嫌々やるくらいならその時間をスキルを磨くために使う方が何倍にもなって戻ってくる**と思います。奥様は覚悟を見ていると思うので覚悟があれば家事くらい免除してくれるはずです！」

（広告会社経営　Y様）

「掃除も食事も洗濯も、家事全般は妻が完璧にやってくれています。妻も仕事を持っていますし、最近は育児にも多大な時間と労力がかかるので忙しそうです。ですが、そんな中だからこそ余計に、綺麗に畳んでくれてい

る服がタンスの中にしまわれているのを見ると私はとてもやる気が出ます。私が仕事に専念することを承認し応援してくれていることを感じるからです。今の私があるのは完全に妻のおかげです。家族みんなの目標のためにお互いの役割を果たしているという意識なので、〝妻と一緒に〟つくった売上を毎月報告しています。突出した成果を得るためには集中できる時間は絶対的に必要なので、感謝の気持ちを伝えて家事をやってもらうことは必須だと思います！」

（2社経営　山﨑裕久様）

「家事はほぼ妻がやってくれています。決して家事が得意というわけではないですが、私が仕事人間であることを非常に理解してくれ、家事をやってほしいといわれたことはありません。その代わり私も妻のやりたいことは応援していますし、妻にはいつも笑顔でいてほしいので、感謝の気持ちを表すことも忘れません。男は外で狩りをし、女は家で家庭を守る、というのはもう古い考えかもしれませんが、我が家はそのスタイルを貫いており、お互いストレスなく上手くやっていると思います」

（飲食店、広告会社、美容サロン経営　H様）

「家事全般はほぼ妻がやってくれています。子どもが産まれてからは家事代行サービスを使い、妻のストレスのないようにしていますが、常に部屋が片付いていて心地よい環境です。妻とは仕事の話もよくするのですが、常に私ならできる！　と肯定的な意見で私を応援してくれてとても感謝しています。家事を妻に任せ、自分はビジネスに集中し圧倒的な結果を出し続ける！　十分な収入を獲得し、妻にプレゼントをしたり快適な家に住むことで奥様はあなたに優しくなるはずです。**自分を磨き、収入を高める努力や行動をしてみてください。必ず未来は変わります**」

（会社経営、起業家コミュニティWinners主催　三浦紘樹様）

いかがでしたでしょうか？

皆さん奥様と話し合いをし、家事を任せる代わりに自分がしっかり稼いで成果を出すよ！　とコミットをされたり、家事代行サービスをうまく利用して奥様に負担がかかりすぎないように気配りをされていらっしゃるのですね。

CHAPTER 05

成功したいなら こんな女性を 選びなさい

あなたの夢を心から応援してくれる女性

周りを見ていると男性のほうが女性よりよほどロマンチストで、少年のような心をずっと持っているのだなぁ、と思います。ヒーローになりたい、スーパーマンにあこがれる、カッコいいとずっと思われたい！　女性は現実的ですが、男性は夢見がち。そこを理解してくれ、あなたの夢を心から応援してくれる女性と一緒にいられたら最高に幸せで成功へぐっと近づくでしょう。

人はなりたい、と思った通りの人間になります。そしてそれを心から信じてくれる人が自分以外にいることでより現実になるのです。よく**ドリームキラーは身近にいる**、と言われますよね。その最も身近な存在が悲しいかな妻である、というのは実によく聞く話です。

私のもとには妻から起業を反対された、自己啓発セミナーやビジネススクールに行くことを反対されている、交流を広げるための飲み会のお金を（お小遣い以外に）出してもらえない、などといったご相談を頂くことがしばしばあります。

確かに本来人は変化を嫌い、変化を恐れますから現実主義の女性が夢見がちな男性を心から応援できない、という気持ちもよく分かります。今ある安定を壊したくない、このままでも幸せだし不満なんてない、そういう思いが

あると何か新しく環境を変えたり、チャレンジしたりすることに対して不安で反対してしまうのですよね。

しかし人生は泣いても笑っても一度きりです。あの時やっぱり思い切ってビジネススクールに通って人生を変えたかったけどもう遅い、あの時やはり決断していたら今頃はこんな生活ではなかったはず……どうしてきちんと話し合わなかったのだろう……と過去は取り戻すことができないのです。

こんな話があります。2人の仲の良い男性がいました。Aさん、Bさんとします。2人は非常に勉強熱心で野心もあり、いつか会社を辞めて起業したいと思っていました。いつもお互いの夢を語り合い、独立を夢見て学び合い、その学びをシェアし合っていました。そんなある日、Aさんは思い切って退職届を出し起業する道を歩み、ずっと奥様から反対されていたBさんは妻に理解してもらえず諦めて会社勤めを続けました。

3年後、生き生きと自分の人生を歩み、夢をどんどん叶えているAさんと我慢を重ねて日々嫌々会社に通うBさん。この2人には圧倒的な差がついてしまいました。再会したAさんとBさん。昔は時間を忘れて何時間も互いの夢を語り合い励まし合ったのに、なんだか大きな溝ができ、30分もせずに別れてしまいました。この2人の差はなんだったのでしょう?

思い切って妻に自分が心からやりたいこと、夢を、時間をかけてじっくり話してみる。

きっと分かってくれるとそう信じて話し合うことができたら、Bさんの人生は今頃Aさんと同じように好きなことで起業し生き生きと活躍されていたかもしれません。

先日、美容室サロンを複数経営されている経営者様がこんなお話をされていました。そこは、自分で使うカットバサミやブラシは個人で購入するそうです。

美容師にとってハサミは大切な商売道具ですから良いものを使うのは当然。しかし小遣い制で自由になるお金がないスタッフの男性は新しいハサミを買えず、スキルUPするための講習会にも行くことができず、どんどん他のスタッフと差がついていったそうです。

指名でお給料が変動する世界。これは大変悲しい現実ですね。確かにハサミを買うお金や講習に参加する費用は痛い出費かもしれません。しかし、それはあくまで先行投資です。そこに出したお金は、何倍にもなって返ってくる可能性を秘めているのです。

これはスーツやネクタイ、営業鞄にも言えることです。営業マンにとって、スーツやネクタイ、営業鞄は身だしなみとして非常に大切ですね。営業は第一印象で勝負が決まるケースも多いのです。それなのにくたびれたスーツ、シミのあるヨレヨレのネクタイ、型崩れした営業鞄、汚れた靴。これでは第一印象で損をしてしまいますし、セルフイメージにも影響するでしょう。

以前、経営者の奥様とお話をする機会がありましたが、「夫にはスーツやネクタイは良いものを着せないと。それは奥さんの役目ですから」とおっしゃっていました。もちろんこだわりが強く自分で選びたい男性もいると思いますが、清潔感のある身だしなみ、くたびれていない営業鞄、きちんと磨かれた靴はできる営業マンには必須アイテムです。身だしなみは妻の責任なのですね。

このように、身だしなみ1つとってもそうですが、夫を立ててくれる、そして**あなたの夢、あなたがなりたい姿を心から応援してくれる女性が一緒にいれば、心地よくきっとあなたの成功を約束**してくれるでしょう。

CHAPTER05 2

あなたの決めたことを信頼してくれる女性

「嫁さんに聞いてから返事します」「うちはなんでも嫁が決めるので帰って嫁に聞いてからでないとなんともお返事できません」

こんな話もよく聞きます。せっかくのチャンスを奥さんに相談してから返事をします、というのは非常に残念なことです。「なんだ、あいつはいちいち奥さんに相談しないと決められないんだな」と周りから見られてしまうからです。

しかしながら女性はいちいち相談してほしい生き物です。夫に何の相談もなく勝手に決められたらイヤなのです。私も以前、夫が私に一言の相談もなく2

千万円もする車を勝手に購入し、友達夫婦の前で「買っちゃったんだ〜！」と事後報告されたことがありました。友達夫婦の手前「なんで勝手にそんな高い買い物するのよ!!! 理解できない！」なんて言いませんでしたが、内心穏やかでなく、友達夫婦の前で報告する夫にひどく腹が立ちました。

後から「なんで私に何の相談もなくそんな高い買い物をするのよ⁉」と責めたところ、「前から欲しかった車で、今回ものすごく良い条件でお値打ちにしてくれて即回答しないと他にまわっちゃうから。それにいちいち嫁さんに相談するって、男としてはカッコ悪いんだよ」と言われたんですね。

その時はなんとなくうやむやにされた感じでしたが、後からなるほどな、と夫の取った行動はチャンスをすぐその場で手に入れる成功者の考えだな、と感じたわけです。

あなたが奥様に聞いていている間にあなたのもとへ来たチャンスは違う人へとす

るり、といってしまう可能性大なのです。これは実に多くの成功者が言われています。「**チャンスの女神はその場でYES！　という人に微笑むんだ**」と。

先日友人の経営者の男性から聴いた話です。彼のもとへ、学生時代の友人が訪ねてきました。「起業に興味があるんだけど、色々あるから何をやったらいいのか分からないからアドバイスが欲しい」と言ってきたそうです。

友人の経営者はもともと会社員から副業をいくつか重ねて、ＩＴ関係で会社を経営し、学生時代の仲間からは憧れの存在だったようです。そこで友人は「今なら○○っていう初心者がリスクなく再現性の高いビジネスモデルがあるから、ここに入会して色々教えてもらうといいよ」と自分の紹介ということで通常よりかなりお値打ちに参加できるコミュニティを伝えたそうです。

すると、その友人は「いや～、10万円以上お金を使う場合は奥さんに相談してみないと返事できない」と言ったそうなのです。それまでは月に100万稼ぎたい！　と威勢のいいことを言っていたそうなのですが。そこで友人の経営者は「こいつはダメだな、きっと奥さんに反対されたからって何もせずにまた来年の今頃何かいい話ないか？　って聞いてくるだろうな」と思ったそうです。

会社員であれば異動や転勤の話もある日突然急に飛び込んでくるものです。海外にもいくつか支社を持つ経営者からこんな話を聞きました。「海外転勤を伝えた時、その場で勢いよくＹＥＳと返事する人は必ず将来出世する。帰って妻に相談します、というのはよくて課長止まりなんだよ」この話もなるほどな、と思います。

奥様に相談して何か良いアドバイスがもらえるのでしょうか？　ほとんどの場合は反対されたり、不安になるようなことを言われたりして気持ちが落ちてしまったりするのではないでしょうか。しかし出来る妻、アゲマン妻は夫がこれだ！　と決めたことには「あなたが言うのなら」と迷わず信頼してくれます。

これは何も大きな決断ばかりではなく、日ごろの生活に関することにも当てはまります。友人からの急なお誘い、いちいち奥さんに聞いてみないと、となると誘った友人はどう思うでしょうか？　男には男の付き合いもある。

いちいち「ちゃんと事前に伝えてくれないと困るわ！」「なんで一言相談してくれないの！」などと言わず、「あなたがそう決めたんだったらいいんじゃない？」と余裕の微笑みで返してくれる。そんな女性が最高ですね。

CHAPTER 05
3

あなたを立ててくれる女性

女性が自立し、ずいぶん強くなったと言われていますが、私の周りの**素敵な女性経営者は旦那様のことも必ず立てて**いらっしゃいます。

「私がこうして自由に仕事ができるのも夫の理解があるからこそ」と常に夫に感謝し、外ではさりげなく夫を褒める。夫婦で一緒にいる時は夫を立てることを忘れない。そうされることで夫は妻に対してまた感謝の気持ちが芽生え、夫婦仲は常に良いのです。

先日こんなお話も耳にしました。夫婦共働きのご家庭。小さいお子さんが3

人いらっしゃるので、奥様は融通のきくパートタイムで働かれています。毎月旦那様のお給料日には「私たちがこうして安心して暮らせて毎日ご飯が食べられて、温かいお風呂に入れるのはお父さんが毎日私たち家族のために一生懸命お仕事をしてくれているからだよ」とお子さん達にお話しされる。

子どもたちの前で父親という存在は立派で感謝するものだ、と教えているのですね。素晴らしいなぁと思います。逆に父親のいないところで子どもに「もうお父さんはいつもだらしないんだから」などと夫の陰口を言うと、子どもたちはどんどん父親をバカにする。私自身も娘には「パパは何でもできるんだよ」「パパのおかげで旅行に行けるんだよ」と夫をいつも立てています。娘にとってパパは何でもできるスーパーマン。「パパは強くて優しいオスだね！」とどこで覚えてきたのか？　そんな言葉を娘が口にしているのを聞きクスッと笑ってしまいました。

オスという表現も笑えますが、「強くて優しいオス」こんな男性が増えてくれたら喜ぶ女性はたくさんいるでしょう。そのためにも**男性を立てる、夫を立てる、子どもの前では父親の悪口は言わない**、ということは当たり前ですが非常に大切です。そんな女性なら男性の皆さまも「妻を大切にしないと！」「家族の喜ぶ姿を見たいからもっと頑張ろう！」と思われるのではないでしょうか？

いつまでも美しくいようとする女性

これは自省の意味も込めて書きたいと思いますが、私のもとにはこんなご相談を頂くことも少なくありません。

それは……。

「妻が結婚してどんどん太ってしまい、別人の域を通り越している」

「家ではいつもノーメイクにジャージ。外出する時は体の線の出ない服ばかり着ている。いつもとは言わないけどたまにはもっとオシャレもしてほしい」

結婚前は何を着ていこうかな♪　なんてオシャレにもメイクにも余念がなかった女性も、結婚して何年もたつとやはり付き合っていた頃のようにはいかないですし、まして母親になるとオシャレなんてする余裕はない、産後太りが解消できない、ストレスでつい食べてしまう。忙しくて運動もする暇なんてないわ！　化粧なんてする時間もないわ！　そんな声が聞こえてきそうです。確かにそうなのです。妊娠、出産でホルモンバランスも大きく変わりますし、年齢とともに代謝も落ちてきてどうしても結婚前のようにはいかないでしょう。

しかし、その年相応の美しさがあります。年齢を重ねても美しい女性はたくさんいますよね。**ほんの少しの努力と生活習慣でいくらでも年相応の美しさは手に入る**のです。

本来女性はいつまでも美しくいたい、という欲望があるのです。年齢や環境は関係ないのです。美しく年齢を重ねていける女性、いつまでも女性らしさを忘れない女性は同性から見ていても素敵です。

付き合い始めのようなドキドキした感覚はなくなっても女性らしさを忘れないようにしよう、年を重ねていっても自分らしく美しくいよう、という姿勢の女性は男性から見ても微笑ましく大切にしよう、と思うのではないでしょうか。そんな関係を保つために是非この本を読んでくださっている男性の皆さんには、女性をさりげなくセンス良く（わざとらしいのはいけません。笑）褒める習慣を身につけていただきたいなと思います。

CHAPTER05
5

朝と夜は必ず笑顔で接してくれる女性

私は度々セッションで潜在意識のお話をします。普段から心がけていることがいくつかありますが、その中でも非常に大切にしていることの1つ、それは**朝起きた後と夜眠る前の40分間は特に潜在意識が活発になる時間帯で、この時間帯は笑顔でご機嫌に気分良く過ごすことが大切**、というものです。実際にこれを意識してからどんどん願いが実現するようになり、日々穏やかに気持ちよく過ごせるようになったのです。もちろん夫との関係も意識しだしてからはより一層良い関係になっています。

朝起きてしかめ面でブスッとしていたり、朝は特に理由もないけれどイライラしていたり、おはようの挨拶もなかったり、行ってらっしゃい、お帰りなさい、おやすみなさい、の一言がないというのはなんだか寂しくむなしいですね。

朝は最高の1日をスタートできるように笑顔で元気よく「おはよう！」と挨拶を。

夜は1日の出来事を話したり、今日も良い1日だったね、と感謝の気持ちを共有したり、仕事で大変なことがあったらねぎらいの言葉や励ましの言葉をかけてくれたり、お茶を入れてくれたりする奥様は最高です。

「男は敷居を跨げば7人の敵あり」、と言われますね。それだけ男性は一歩外に出ると敵だらけなのですね。なかなか仕事では気を抜けない、常にストレスと隣り合わせな現代社会であるからこそ、自宅はエネルギーチャージの場所として心地よい空間であることが大切ですね。

日中は家にいないのですから、朝と晩、潜在意識が活性化する時間帯は特に心地よい時間を過ごせるようにすることは人生を豊かにする大きなポイントだと思います。ですから、**日ごろから笑顔を絶やさず、特に朝と夜は心地よく笑顔で接してくれる女性は成功に欠かせないポイント**となるでしょう。

CHAPTER 06

成功者から学ぶ、運気を上げる習慣

CHAPTER 06
1

いつからだってあなたは変われる

冒頭にも書きましたが、私はもっともっと日本の男性に輝いてほしいと思っています。好きなことを仕事にし、使命感を持ち、やりたいことに素直にチャレンジしていってほしい。可能性をどんどん見出してほしい、生き生きとキラキラと時にはギラギラと輝いていていてほしい、成功してほしい、と思っています。

「近いうちに起業したいんです」という会社員の男性はいつもこう言っていました。「妻が起業に反対するんです。妻は安定した生活を求めているんです」そうため息をつきながら寂しそうに私に話し始めました。その女性は安定を手に入れるために結婚したのでしょうか？

だいたい、安定ってなんでしょう？　終身雇用の時代はもう終わりです。今や大手企業も軒並み副業を認めてますし、この先ＡＩの進出で人間の仕事はどんどん奪われていくと言われています。今や自分の身は自分で守る時代です。

私の周りの会社員の方は、いわゆる会社員だけの収入で生活している人はゼロです。皆さん真剣に将来を考え、副業や資産運用を学んでいらっしゃいますし、週末起業や複数の収入源を持たれている方も少なくありません。今いる会社にずっと定年まで安定して勤められる、というのはあまりに危険な考えかもしれません。

そして年金だって悲しいですが……あてにできるわけがありませんよね。会社が定年まで安定して雇用を守ってくれる時代はとっくに崩壊してしまい、自分の身は自分で守る力をつけることが必須だなぁ、とここ数年で痛切に感じています。

時代の変化は恐ろしく速い。だからこそ**自分にとって何が必要なのか情報を見極めて、常にアンテナを張り巡らせることが大切**だと感じています。

また先日、自己啓発セミナーで知り合った男性は、子どもの頃から描いている夢があり、会社員をしながら夢に向かって自己投資をし、スクールやセミナーに通いながらビジネスを学んでいらっしゃいます。

目下の課題は「常に奥さんのご機嫌を取ること」だそうです。平日は一生懸命家族のために仕事をしながら、やはり家事や育児をしないと奥様の機嫌が悪くなる、とおっしゃっていました。それはいったいいつまで続くのでしょうか？　奥様のご機嫌を伺いながら、好きなことで起業したい、というタイミングを見計らっているそうなのですが、「でも言ったところで反対されるのは目に見えているんですけどね」と苦笑いされていました。この手の話は本当に何度も何度も聞くのです。そのたびに私はため息をついてしまいます。どうして旦那様を応援できないのかな……となんだか悲しい気持ちになるのです。

今これを読んでくださってるあなたに、実は**やりたいことがある、挑戦したいことがあるなら、是非チャレンジ**してください！　遅すぎる、なんてことはありません。思い立ったが吉日なのです。私の周りには40歳、50歳、60歳を過ぎてから起業された方、望む未来や自由な生活を手に入れた方がたくさんいらっしゃいます。

好きこそ物の上手なれ、といいますが、すべては「好き」から始まります。やはり好きということはエネルギーが違うのでしょう。**好き、得意が情熱の源泉**なのだと思います。源泉は枯れることがない。掘り起こせばどんどん湧き出てくるのです。ですから、ご自身の情熱の源泉を探り見つけてほしいと思います。

自分で自分の可能性にふたをしたり、年齢的にもう遅すぎる、やはり自分には無理だ、と勝手な思い込みで自分の人生を諦めてしまうのはあまりにもったいないことだと思います。

経験だって関係ありません。未経験でも「やりたい！」「必ずやり遂げる！」とほとばしる情熱があれば、たいていのことはやれるのです。

勝手に自分でできない自分を演じているだけ。過去やったことがないから、周りに言うとそろって反対されるから、やってみたもののうまくいかなかったから。たいていそういった理由であっさりとあきらめてしまうのです。果たして本当にそれでいいのでしょうか？

一度きりの人生です。我慢に我慢を重ねて、最後に「やっぱりあの時に決断しておけばよかった」「勇気を出して踏み出せばよかった」なんて後悔は絶対にしたくないですよね。

自分の感情に素直になってみる、自分が本当に望む人生が何なのか、一度しっかり自分自身と対話してみてほしいのです。自分が主役の人生をとことん描いてほしいのです。

そして心からやりたいことが見つかったら、それはとても幸せなことだと思います。本気でやりたいことがある、って幸せなことです。そして今この瞬間からやれることはたくさんあります。

以前、尊敬している経営コンサルタントの福島正伸先生の講座に参加した時、福島先生がこんなお話をしてくださいました。「名案なんてない」と。

私たちは何か新しい事にチャレンジする時、最初から名案、つまりうまくいくことや正解を求めます。失敗したくないし回り道したくないからです。だから1つつまずくと落ち込むし、思考がストップして歩みが止まってしまいます。

そうではなく、**名案なんて行動しながらしか見つからない**。最初から満塁ホームランを狙うのではなく、まず打席に立つことを目指す。そして毎日コ

ツコツと素振りをし、塁に出ることを目標にとにかく練習あるのみです。最初からうまくやろう、最初から満塁ホームランを打とう、なんて思うからちょっと失敗したら必要以上に凹んでしまいます。

失敗と成功はセットです。私も今までさんざん顔から火が出るような、冷や汗がダラダラ出て青ざめてしまうような失敗をたくさんたくさんしてきました。人前で恥もたくさんかきました。会社員の頃はお客様から怒鳴られ、何時間もお説教をされる経験もしています。

しかし、その失敗の全てが今の私をつくってくれましたし、その度に心が強くなりました。たくさん失敗して痛い思いをして落ち込み涙を流し、こんなはずじゃなかったのに、そんな思いをしてきました。でもその度に成長し、今思い返せば全てが懐かしく、あぁ、よく頑張ってきたよなぁ、と自分に対しても自信を持てたり、経験値が上がることで人の痛みもわかるようになったので、これまでの経験は大きな財産です。

「名案なんてない。やれることはいくらだってある」

つまずいた時、この言葉を思い出し、まだまだ自分は甘いよなぁ、と自分で自分を奮い立たせています。

POINT

今この瞬間からやれることをとにかくやってみよう!

CHAPTER 06
2

純粋に好きなことを全力でやる

好きなことをやっている時ってエネルギーが満ち溢れています。輝いている、ってこういうことを言うんだなぁと思うのですが、クライアント様でも好きなことで起業され、苦労されながらもファーストキャッシュが入った時は、本当に子どものように純粋に喜ばれてエネルギーに満ちています。まさにキラキラ輝いているのです。

好きなことをやっているから、苦労を重ねても失敗を重ねても時間がなくて遊ぶ暇なんかなくっても、心が満たされ毎日が充実します。

ビジネスだけではありません。**学びたいことや趣味でも同じ**です。

学生の頃は全く勉強しなかったけど、50歳目前に思い立って社会保険労務士の資格を取られた方、毎週海へ行くのが楽しみという方やマラソンが趣味でホノルルマラソンを心待ちにされている方、ひとりで行く海釣りが大好きで、休みがあれば海釣りに行くことが最高の気分転換になるという経営者の方もいらっしゃいました。

自分の好きなことを心から楽しむ！　仕事、家事、育児、週末は家族サービスで疲れ果てるのではなく、好きなことを生き生きと楽しんでいる男性がもっと増えたらいいな、と思います。

これが毎日嫌で嫌で仕方のない仕事や忍耐、我慢、愚痴に溢れた毎日を送っていたら、それはイライラするでしょうし、奥様にあたってしまったり、人に優しくできなかったりしますよね。

まずは自分の好きなことを思いきりやってみることをおススメします。過去の経験からどうせ自分には無理だ、むいてないなど思い込みで判断するのはやめて、**純粋に好きなこと、やりたいことは何だろう？　と自分自身に問いかけ、**その出てきた答えをとことんやってみるのはいかがでしょう?

POINT

好きなこと、本当にやりたかったことをとことんやってみる！

CHAPTER 06

3

欲望はいつだって持っているほうがいい

以前、私の尊敬している女性経営者様がこんな話をしてくれました。

「**成功したいならとにかく欲を持つことが大切**！　欲を持つことが原動力になる。欲を持ち続けることが、いつまでも若々しく、そして生き生きと人生を送れる秘訣です」

「夢がなくなったら人生終わり。夢に大きい小さいはないのです。そして夢は育ちます。人それぞれ夢は違うし形も違う。どんな小さなことでも夢を持つこと、夢を持ち続けることが人生を豊かにするのです」私はその言葉にとても感動し共感しました。

そこからいつだって欲望を持っていようと思いました。欲望、と書くとなんだか良いイメージがない方もいらっしゃるかもしれません。しかし、人間はいつだって欲を持っている動物です。食欲、睡眠欲、性欲、これが人間の3大欲求と呼ばれていますが、生きる、というのも大切な生存欲求です。生きていくうえで様々なことに欲を持っているのは当たり前なのです。

自分の中に芽生えた小さな欲望の種、それがもしかしてあなたの成功の大きな原動力になるかもしれません。

美味しいものが食べたい、素敵な女性とデートしたい、カッコいい車で海までドライブしたい、海外で好きなだけゴルフがしたい、毎年冬休みは家族でゆったりとハワイに行きたい、こんな日常生活の欲を大切にしていくとそれが原動力になり、モチベーションになります。

欲なんて持つものじゃないよ、つつましく贅沢せずに生きなさい、平凡が一番だよ。そんなふうに親から言われて育ってきた方もいらっしゃるでしょう。実際、私は母親からそんなふうに言われて育ちました。平凡が一番。よく言われてきました。もちろん平凡が最高に幸せ！　という方もいらっしゃるでしょう。

しかし、今これを読んでくださっているあなたがもし、心の中に封印している「欲望」があるなら、今その欲望の声に耳を傾けてみませんか？　そしてその欲望をあなたがあなたのために叶えてあげませんか？

あなたを幸せにしてくれるのはあなた自身なのです。

「夢なんて言葉とっくの昔に辞書から消したよ」「夢を持つにはもう遅すぎるし」そんなふうに苦笑いしながら話す人と、

「私は一生涯夢を追い続けるよ！」「年々夢がかなうスピードが速くなっている

よ！　人生100年まだまだこれから！」と意気揚々と話す人。

あなたはどちらになりたいでしょうか？

私の尊敬している起業家で、複数の事業を展開されている方がいらっしゃいます。57歳にしてトライアスロンに初挑戦し、参加者の中で最下位という結果でしたが、ギリギリ制限時間内にゴールすることができました。

一方で世界に通用する映画を作りたいと夢を語り、周りをどんどん巻き込んであちこち海外を飛び回り、あっと驚くようなすごい人脈に繋がってしまったりします。常に自分の夢を語りまくり、どんどん行動に移され、夢を叶えていく姿を見ていると、いくつになっても自分のわくわくするような夢を描いて、それに向かって**どんどん行動していくことで必ず道が開ける**のだなぁ、と思います。

またある方は会社員から奮起して戦争のない世界を作りたい！　と使命を明確にされ、まずは自分が影響力を持つことが大切だと様々なセミナーで学び、ビジネスを加速させながら、世界の成功者へ会いに行き、ものすごいスピードで人脈を広げながら成功を加速させています。

何度もお仕事でご一緒させて頂きましたが、その行動力、スピードにはただただ尊敬するばかりです。

想いがあるってことは人を動かすし、周りの人たちも協力してくれる。

お2人の共通点は**様々な場所で様々な人へ「夢を語りまくる」**です。**そこに「想い」があるからこそ言葉にエネルギーが宿り、人が応援してくれる**んです。

よく夢は口にすると叶うよ、と言われますが、一度や二度じゃダメなんですよね。何度も何度も言い続けること。継続し続けることが大切なんですよね。

「そんなこと無理に決まってる」「あなたにできるわけないじゃない」。いわゆるドリームキラーはいつだってあなたの周りにいるでしょう。私も今までさんざん言われ続けてきました。

ちょうど今、この本を書いている最中に私はある大きなチャレンジをすることに決めました。

何人かにお話ししましたが、「それは難しいよね」「ちょっと無理じゃないかな？」などと意見されたり「それは絶対うまくいかないからやめたほうがいい、あなたの名前に傷がつくから」と本気で心配してくださった方もいらっしゃいます。

正直ブルドーザー並みの行動力と褒められる？　私もかなり落ち込みましたし、泣き言も言いました。

やっぱり無理かもしれないな……と私らしくなく毎日ものすごく不安になり

ましたし、髪の毛もストレスのせいなのか抜けたり、ストレスを言い訳にして夜のお酒が習慣づいて体重も増加しました。それでもやっぱり諦めたくない！とやる気スイッチが入り始めた頃にメンターがこんなことを話してくれました。「夢を語った時に頑張ってね、応援してるよ、と言われるなら普通。大きく成功したいなら人から心配されるくらいがちょうどいい。大丈夫なの？　本当にできるの？　って聞かれるくらいがいいんだよ」と確かこんなニュアンスだったと思うのですが、それを聞いた時私はなんだかとてもホッとしたんです。

あぁ、私色々な人に心配されている、それだけ大きなチャレンジしているからだな、ウフフ、となんだか笑みがこぼれたのです。

他人に「無理じゃない？」「あなたには難しいと思うよ」「そんなの絶対にうまくいくわけないよ」と言われたから簡単にあきらめるくらいなら、そこまでの夢でしょう。

誰が何と言おうと、やるって決めたらやるんだ！　自分は絶対にこの夢を叶

えるんだ！　自分ならできる！　できないわけがない！
そう信じ、コツコツと続けていくこと。そしてたくさんの方にあなたの夢を言い続けることで必ず応援してくれる方が現れます。

POINT
欲望も夢も生涯現役選手でいよう！

踏み出す勇気が自分を大きく変える

何か新しいことに挑戦する時、ワクワクを感じる一方で、うまくいくだろうか、本当に大丈夫だろうか、自分はやりきれるだろうか、成功できるのだろうか、など不安を抱えると思います。不安というものは不思議なもので、1つ思い描くと次々に不安な要素が芋づる式に出てきます。

なんだかこれはモグラ叩きに似ているなぁ、と思うのですが、1つの不安を拭い去ってもまた不安が出てきて、追いやっても追いやってもキリがないという感じです。ですから不安を全部なくそう、と抵抗するのではなく、一歩踏み出す勇気を持つことが大切なのだと思います。一歩踏み出せば次の一手が出る。

最初の一歩を出すのが一番難しいのですが、でもその一歩の勇気が素晴らしい未来への一歩なのです。

「踏み出す勇気が自分を大きく変えてくれました。今の自分があるのはあの時に勇気を出して踏み出せたからです」ある実業家の方のお話です。

若い頃は父親の抱えた膨大な借金を返済するのに大変苦労されたそうです。借金取りが家にも会社にもやって来て会社にはいられなくなり、退職してとにかくお金を稼ぐことだけを考えて必死に働いた。

その後なんとか借金を返済して自ら会社を経営し、大きな売上となったのに信頼していた人に裏切られたり騙されたりした事もあったそうです。しかし落ち込む暇はなく、とにかく自分の夢のために、目標のためにひたすら行動したそうです。**それは夢があったから**。

こんなことできるのかな？　やったことないし、誰も応援してくれないかもしれない、そう思ってもどうしてもやりたい、自分がやらなければ誰がやるんだ、という気持ちから一歩を踏み出した。そうしたら徐々に人が人を紹介してくれ、共感してくれる仲間が増えてきた。

結果、**これまでとは別次元の大きな収入を得ることができ、今や世界各国に素晴らしい人脈が一気に増えた**そうです。

「心配性な人は１０００回死に、勇敢な人は1回死ぬ」ということわざがあるそうですが、むやみやたらに心配していると不安に苛まれて、何も行動できなくなってしまうのかもしれません。

ある経営者の方は私に以前こんな例え話をしてくれました。

「バンジージャンプでさ、もし下が何も見えなかったらどれだけ怖いかな？　でもそれって、勝手にひどく恐ろしい状況を想像しちゃってるんだよね、もしかしてバンジージャンプで飛んだ先は、ものすごく綺麗な花畑かもしれないでしょう。

これって何か挑戦する時もそうで、結果が見えないからものすごい崖かもしれない、恐ろしいって思うけど、飛んだ先は案外お花畑かもしれないんだよね。だから**思い切って飛び込まないと綺麗な景色は見えない**んだよね」

その言葉はとても心に響き、私にも何度も踏み出す勇気をくれました。

POINT

思い切って飛び込んだ先は
見たこともない美しい花畑かもしれない

CHAPTER06
5

成功者から学ぶ、強運になり夢を叶えていく方法

成功者の方に必ず共通しているものがあります。それは「運」です。

私がお会いする成功者の方々は皆さん口を揃えてこうおっしゃいます。「昔から運だけは良かったんだよ」と。そして常に自分の「運気を上げる」ということを意識されていると同時に、運気を上げるために常日頃から自分のパフォーマンスをいかに上げるかを意識されているのです。その秘訣をお伝えします。

1. 独自の健康管理をする

当たり前ですが、**健康なくして成功はありません**。いくらお金があっても地位や名誉があっても、不健康では好きなこともできずいつもどこかにストレスを感じてしまうでしょう。ですから、皆さんそれぞれ自分に合った健康法を常に追求し意識的に毎日を送っています。

例えば、今やすっかり定着したファスティングや糖質オフダイエットなどもしっかりと情報を仕入れ、流行りに乗るのではなく自分にはその方法が合うのか、合わないのか、見極めて行われていますし、食事に気を遣うのはもちろん、運動はパーソナルトレーナーをつけたり、自分にはどんなエクササイズが合うのかをプロにアドバイスしていただいている方が多いです。

運動はまさに「運を動かす」と言われますが、何かしら運動を習慣にされている方が非常に多いのは納得です。いくら忙しくても運動する時間だけは習慣になっていて、死守している、という経営者様を何人も知っています。それだけ**運動と健康は切っても切り離せない**のですね。

次に睡眠です。睡眠は細胞を回復させエネルギーチャージをする大切な時間。睡眠の環境や質にもこだわっている方が非常に多く、寝具や寝間着などにも気を遣われている方が多かったです。睡眠にもこだわることで日々の英気を養っているのですね。

成功者のほとんどが朝型で成功者は早起きというイメージがありますが、色々な方にお話を聞いてみると早起きとは一概には言えませんでした。その代わり自分のパフォーマンスが上がる睡眠時間をとるために、就寝や起床時間をきちんと守られていました。**自分の身体のことをよく理解しているのだ**なぁと感じました。

そしてメンテナンスです。仕事でパフォーマンスを上げるためにどのようなメンテナンスが自分に合っているのかを徹底的にリサーチして、定期的にメンテナンスをされている。マッサージや整体、漢方や鍼などはいくつも受けに行って自分にぴったりの先生を見つけていらっしゃいます。また瞑想や座禅、気功などといった精神世界を大切にされている方も多かったです。

拘りの調味料、食事など皆さま本当に自分の健康のために学び実践されているようです。

POINT

パフォーマンスを上げるための独自の健康法を熟知している

2. オンとオフの切り替えを大切にする

オンとオフのめりはりがハッキリしている。これも共通して言えることです。ここまでが仕事、ここからはオフ、と明確に意識することでしっかりとリフレッシュできるのですね。

仕事は仕事、遊びは遊び、羽目を外す時は思いきり羽目を外す、仕事モードの時は集中力が半端なく、話しかけるのも躊躇するくらいの方や、普段気難しそうな経営者様でもオフになるとスパッと切り替えてその場を心から楽しまれている。

オンとオフのめりはりをつけると、仕事もプライベートもどちらも充実するとおっしゃる方も多いです。ある経営者様は仕事で集中したい時間は携帯電話の電源を切るそうです。そしてメールを見る時間や返信する時間もきちんと決めているそうです。そうすることで効率がぐっと上がるとか。

だらだらとスマホをいじったりして時間の無駄遣いをせずに、常に仕事とプライベートの時間を大切に扱われているのですね。中途半端に1日を過ごすのではなく、**何事にも集中して取り組む姿勢が人生をより豊かにする秘訣**なのではないでしょうか。

POINT

オンとオフのめりはりをつけることが人生をより豊かにする

3. 心地よい環境を徹底する

人間は環境動物です。今いる環境が未来を作りますし、普段自分が身を置く場所は非常に大切ですよね。特に日々の疲れを癒し、エネルギーチャージをし、バリバリとパフォーマンスを上げるために過ごす自宅。ここがごちゃごちゃしていて散らかっていると一気に運気ダウンしてしまうでしょう。

今まで成功者の方で部屋がごちゃごちゃと片付いていない人に出会ったことがありません。

部屋が非常にシンプルで片付いている、物が少ない方が多いのです。

特に水回りと玄関は徹底して綺麗にされていらっしゃいます。**風水や開運でもよく水回りと玄関は綺麗に**！　と言われていますが、成功した方の100％は水周りと玄関は綺麗ですし、「トイレ掃除だけは毎日する」とおっしゃる経営者も少なくありません。ちなみに私もトイレ掃除は大好きで、コンビニやレストラン、公共のトイレなども借りた場合、ウェットティッシュで拭いてきたりします。

以前、出雲大社に参拝に行った時、たまたま工事をしていて仮設のトイレだったんです。仮設のトイレってあまり綺麗ではありませんよね。私は持っていたウェットティッシュで仮設トイレの便座をすべて拭いてきました。大変気持ちが良かったですし、なんとその翌日とっても良いことが起きたのです。

これは余談ですが、やはり**トイレ掃除をすると運気が上がる**というのは本当だよね、とよくセミナーでもお伝えしています。何か嫌なことが起きると家のトイレや公共のトイレを掃除しますが、瞬時に気持ちが切り替わり、リフレッシュできますよ。

また電車には乗らない、という経営者も少なくありません。移動はすべてタクシーかお抱えの運転手さんです。なぜなら電車に乗るとエネルギーが落ちるからだそうです。満員電車はストレスの原因の第1位。満員電車が好き！ という方はいないでしょうし、ぎゅうぎゅうですし詰めの電車でなくても、混んでいる電車が苦手な方も多いでしょう。

満員電車に乗ってハッピーな気分になる方は少ないと思います。色々な人が乗っていてエネルギーが混在しているので、敏感な方は負のエネルギーを受けてしまったりするようです。こんな風に書くと「それは成功者だからでしょう、電車に乗らない生活なんて無理ですよ」という声が聞こえてきそうです。確かにそうですね。

なかなか普段の生活で全く電車に乗らないというのは簡単ではありません。しかし、満員電車を避けるために、朝早い時間の空いている電車に乗ってみたり、通勤に自転車を使うというのも手段の1つ。職場と自宅が近ければ健康のために歩くのもいいでしょう。日ごろからなんだか疲れてしまうなぁ……という**負のエネルギーをいかに受けないようにする**かも大切です。

POINT
常に自分にとって心地よい環境を選択する癖をつける

4. 付き合う人を選ぶ

成功者で八方美人という方を見たことがありません。突き抜けられている方が多いので、誰にでも良い顔をするというより**自分の生き方、考え方や価値観、生活スタイルに合う方、波長が合う方を大切にしている**方が多いです。

これは何も自分のわがままを通し、傍若無人に過ごしているというのでは決してありません。仕事は仕事でもちろんお付き合いが必要でしょうし、調和も大切でしょう。実際お仕事ではとても社交的に見える方が「僕はプライベートで友達と言える人は２人なんだよ」とお話されていたのが印象的でした。

日頃からビジネスでお付き合いの多い方もプライベートでは本当に大切にしたい方と深いお付き合いをされている方が多いな、と感じます。一緒に過ごす人は気を遣わず、とにかく心地よく過ごせる人と。これはエネルギーというものを日ごろから大切にしているからこそでしょう。

POINT

誰からも好かれようとせず本当に心地よい人と過ごす

5. ユーモアを持つ

笑いが免疫力を上げる、というのは有名な話です。だからでしょうか？　成功者の皆様は「笑い」というものを大切にされていると感じます。普段は近寄りがたそうに見えたり、スーツ姿で超多忙にされている方でもユーモアに抜群のセンスを持っている方が多いです。

経営者様で全国を駆け回り、移動中でも常にクライアント様のサポートや、執筆活動をされている方がいらっしゃいます。その方の気分転換は「お笑いを見ること」と聞いた時はびっくりしました。移動中にお気に入りのお笑い芸人の YouTube を見たり、面白い漫画をちょっと見ることが最高の気分転換になるそうです。

「笑い」は百薬の長。笑いのあるところはエネルギーも高い。私の人生を変えるきっかけとなった、アメリカのトップコーチ、リーミルティアも「朝はニュースや新聞なんか読まないわ。朝は漫画を見ることからスタートするのよ。だって朝は楽しい気分になりたいから。ユーモアは非常に大切よ」と言っています。

また、セミナーなどで話がうまいなぁ！　と感心する経営者は皆さん非常にユーモアのセンスがあり、会場全体に笑いの渦が起きることも多々ありま

す。普段の生活により意識的に「笑い」を取り入れることは成功するためには
もちろん、健康的な生活を送るためにも不可欠と言えそうですよね。
今日から日々の生活にいっそう「笑い」を意識してみてはいかがでしょうか?
笑いのあるところには福がきますから、運気もどんどん上がりそうですよね。

POINT
ユーモアのセンスを大切にすることで運気も上がる

6. イメージ力を大切にしている

イメージ力が半端ない。これも成功者の共通する点です。

私自身も会社員を辞め、名古屋から小田原へ出てきた時に、知り合いも誰ひとりいなくてこの先どうなるのか、仕事はどうしようか、好きなことを仕事にしたいけどどうしたものか、と悶々と過ごしていた時期に、いかに自分のなりたい姿を徹底してイメージをすることが大切なのかを知りました。そこからは毎日妄想を楽しみ、イメージをたくさんするようになり今の自分があります。

それが後々コーチングを学んで、「本当に望む未来を明確にすることの大切さ」に改めて気づくのですが、私の周りの成功者も皆さんも日頃から**望む未来をイメージする**ことをとにかく大切にされています。

日々なりたい姿を明確にしているからこそ決断も早く、チャンスを見逃さず確実にチャンスをものにしているのです。日ごろから自分はこれからどうなりたいのか？　がぼんやりと明確になっていなければ、必要な情報も入ってきませんよね。

尊敬している経営者様は毎朝思いきり自分のなりたい未来を描いたらそれを声に出して演じるそうです。情緒たっぷりに臨場感を出して演じるとおっしゃっていました。

また毎朝鏡に向かって「自分はできる、やれる、○○の未来になっている！」と35年間毎日語りかけてるんだ、と言う経営者様もいらっしゃいました。

リアルにイメージする力、そして日常生活にイメージをする癖をつける事が成功には必要不可欠なのですね。できないうちはできるふりをする、これは私が以前メンターに教えてもらったのですが、今できなくもできるふりをすることで、いつしか自然とできるようになっているのです。イメージの力は偉大ですよね。

> **POINT**
>
> **イメージ力を鍛えて日ごろからなりたい自分を演じきろう!**

7. 徳を積むことが運を上げる

徳を積むこと、これも運気を上げるためにはとても大切なことでしょう。

私の祖母が徳を積む大切さを母に伝え、私も幼い頃から常に祖母や母に「毎日良いことをしなさい、神様が見ているよ」「人に親切にしなさい、そして毎日徳を積むことをしなさい」と言われてきました。

徳積み、という言葉は私の中で大変慣れ親しんだ言葉なのですが、たくさんの経営者の方がこの「徳を積む」ということを日常生活に自然に取り入れていらっしゃるのです。

常に自分のできることはなんだろう、自分がやれることで人に喜んでもらえることはなんだろう、と考え行動されていらっしゃる方が多いのです。

私もここ最近ますます徳を積むということを意識していて、セミナーなどでもよくお話をしています。誰にも気づかれずコッソリと（ここがポイント）良いことをして、あぁ今日も良いことをしたなぁ、とひとりほくそ笑む。良いことをすると自分も気持ちがいいですし、それだけでエネルギーも上がる気がします。

徳を積むことが大切なのは分かりました。では日ごろから何をすればいいでしょうか？　このような質問もよくいただきます。

なんと言ってもお**スス**メは、**外でのトイレ掃除**なのです。すぐにできて気持ち良くて、次の人が喜んでくれますよね。**また困っていそうな人には積極的に声をかける**、駅で重い荷物を持っている人がいたら手伝ってあげる、ベビーカーを持って階段の前でため息をついているママさんに声をかける、洗面所の水はねを拭く、外では他の人の靴も揃える、など簡単にできることはたくさんありますよ。

また、自然が美しい場所ではゴミ拾いをするのもとてもおススメです。私は大好きなハワイのビーチでは毎回ゴミ袋を持ってゴミ拾いをしますが、これまた不思議なことにゴミ拾いをした次の日に思いがけないオファーが来たり、臨時収入があったり、プレゼントをもらったりしています。やはり自分が気持ちいいと感じることでエネルギーも上がり運気がＵＰするのでしょうね。

POINT

一日一善の感覚で徳積みをしてみよう♪

8．秒で決め、マッハで行動する

成功者の皆様の絶対的な共通点の1つが「即断即決」でしょう。とにかく決めるのが早いのです。

それは自分の直感を信じ、直感に従う事を大切にされているからだと思います。直感を信じ、直感を大切にする、というのは自分のひらめきに圧倒的な自信があり、常に自分が何を求めているのかが明確だからです。この直感力は私もとても大切にしています。これはいい！　これはなんだかいまいちだ、と自分の直感に従って日ごろから行動するようにしているのです。

以前、経営者の方の何人かに「直感を磨くコツはなんですか？」と聞いたことがあります。ある方は「**なんでも5秒で決める**」とおっしゃっていました。コンビニに入った時、レストランのメニューなど5秒で決めることにしてから直感力が増したとか。これはすぐにでもできそうですね。またある方は電話やメールが届いた時、誰からなのかをいつも当てるそうです。直感力は鍛えられます。自分の直感を研ぎ澄まし信じて行動することも強運になるポイントです。

そして**マッハで行動する**！ です。成功者はとにかく行動が早いです。あまりに早いので驚かされることもしばしば。先日食事会の席で何かの話から、ある経営者様が「その話面白いね！ 早速社員に伝えて手配させよう！」とその場でスマホを取り出し指示をされていました。

またある起業家の方も食事会の席で「今話していたら良いアイディアを思いついたから！」と数分でスマホからメルマガを配信されていたのには本当に驚きました。「後でやろうはバカヤロウ」「即断即決即行動！ いいからやれ！」「今すぐやれば幸運体質！」これらは成功者の方々が言われていた言葉です。

また、認知脳科学者の苫米地英人さんの本にはこんなことが書かれていました。「即断即決」ができると生産性が上がり、利益を上げる仕事ができ、「独立・起業」するチャンスも増え、収入も増えていく、と。なるほど納得です。

とにかく**運をつかむ、チャンスをつかむには「即断即決即行動！」**が必須ですね。逆にいつまでも考えます、今は悩んでいます、もう少し時間がかかります、という人はずっと変わらずに結局行動せずに終わります。実際に私のクライアント様で、年商4千万円から1年半で一気に年商を1億円以上にされた方は、とにかく考えるより行動する、行動しながら考える典型的なタイプでした。確かに戦略を立てて行動するのも大切ですが、あれこれ考えすぎてずるずる行動に移せない方も少なくないのです。あなたはどちらでしょうか？

POINT

まずは身近なことから即断即決即行動を目指してみよう♪

9. 精神世界を大切にしている

私は幼い頃から度々この世の世界の人ではないだろうな、という人を見てきました。こう書いてしまうとなんだか怪しい、オカルトチックに思われてしまうかもしれませんが、だからでしょうか。子ども心にこの世には見えない世界というものがあり、どうやら死というものを体験しても今ここに存在することができるらしい、と感じてからはスピリチュアルの世界が大好きになりました。

現在、私のクライアント様には男性経営者様や起業家様も多いのですが、皆さんそれぞれ**精神世界を非常に大切にされている**方が多いのです。いわゆる「目には見えない世界」です。大切にされているものは皆様それぞれなのですが、神様や高次元の存在、大いなる存在を信じ、心の平穏を保つ。

例えば、今非常に注目されている瞑想も心を穏やかにし、自分の軸をしっかりと持ちパフォーマンスを上げる。瞑想と近いものは祈りだと思いますが、毎朝必ず大いなる存在に祈りを捧げ心を整えている、という経営者様もいらっしゃいました。

ここ何年かで潜在意識という言葉も当たり前に使われるようになりましたが、成功者の皆様はこの**潜在意識にも精通**していらっしゃいます。潜在意識を活性化して、夢をよりスピーディーに叶えるために五感を刺激させるというのも最近よく目にしますし、取り入れられている方も多いです。

私も潜在意識が活性化する朝起きてからと夜眠る前の時間をとても大切に過ごしているのですが、意識しだしてからは明らかに夢が叶うスピードが圧倒的に速くなりました。信じるのも信じないのも自由ですしその方の選択なのですが、私は精神世界を深く学ぶことで自分自身がとても変化しましたし、物質的にも精神的にも豊かになったと思っています。また、私のクライアント様も変化が明確に現れています。

心を穏やかにし、心を整えるためにも精神世界を日常生活に取り入れることが、人生をより豊かにさせてくれると私は確信しています。

POINT

精神世界をもっと身近にすることでより豊かな人生を過ごせる

10. 感謝こそが最大の運を上げる秘訣

成功者の皆さまが口を揃えておっしゃる言葉の1つが、この「感謝」でしょう。

何か大きな成功を成し遂げた時、「今この結果があるのも、皆様のおかげです。本当に心から感謝しています！」というように自分ひとりの力ではなく周りの皆さんのおかげです、守って下さっているご先祖様のおかげです、と常に感謝の心を忘れない。そして感謝の気持ちを行動で示される方が多いです。

日々生きていることにありがたい、どんなことにも感謝の心を常に大切にされている方がなんと多いことでしょうか。

生きていることは当たり前ではない。そう思っただけで感謝の心があふれてくるのですね。**毎日を感謝の気持ちで過ごすことは運気を上げるシンプルな秘訣**なのでしょう。

POINT

感謝の心を常に忘れず態度で示そう

おわりに

２０１９年夏、シンガポールに移住しました。

夢だった海外生活は毎日が刺激的で、新たな気づきがあり、環境を変えたことで、よりパフォーマンスが上がるような習慣化を形成することにも成功しました。

周りからは「海外移住されるなんて本当に素敵！」「海外生活羨ましい！」と言っていただくこともよくあります。

しかし実際に海外で暮らしてみると改めて、日本がいかに素晴らしい国なのかということに気づかされます。

日本文化の素晴らしさ、おもてなしの心、思いやりの心、わかちあいの心。四季折々の美しさ、そしてやはり日本食は世界一だと思います。

そんな中、本書でも触れていますが、今日本はアジア諸国から「沈みゆく国」と言われていると聞きました。最近では30代、40代の孤独死も珍しくないと聞きます。

フィリピンに15年近く住んでいて久しぶりに日本へ戻ってきた起業家の方は「日本に帰ってきて愕然としたよ。電車や街中で見る若者の目はなんだか死んでいる。フィリピンの若者の目は輝いていたよ……」と嘆いていました。

確かに夢を持てない若者が増えていると聞きます。

将来を描けない、自国へ希望が持てない若者が多くなっているんだな……と切ない気持ちになりました。

しかしこの本を書いている間に、「活気ある日本を取り戻したい！」「今こそ日本の在り方を真剣に考え、みんなが夢を語り合い、お互いに応援しあえる仕組みを作ろう！」「日本人の幸福度を上げる活動をしよう！」などといった威勢のいい声が聞こえてくるようになり、たくさんの方々が真剣に日本の未来を、そして未来を担う子ども達の未来を考えているんだな、と大変嬉しく心強く感じるようになりました。

このままじゃダメだ、このままでは日本はどんどん悪くなってしまう、人口も減り、若者が減り、素晴らしい伝統文化が忘れ去られ消えていってしまう……。

だから今こそ立ち上がっていこう!!　そんな熱い気持ちを持つ男性に出会う

ことが多くなってきたのです。

そんな男性が増えてくれたら、日本はもっと元気になるでしょう。
そんな男性が増えてくれたら、日本はもっと活気が出て明るくなるでしょう。
そんな男性が増えてくれたら、女性だって嬉しいのではないでしょうか？

ですから、男性にはもっともっと自分の好きなことをやってほしい。
もっともっとやりたいことにじゃんじゃん挑戦してほしい。

結局、自分が好きなことをしている時に人は一番輝きます。
志を持って生きていると、それだけで放つオーラが違う。

泣いても笑っても人生はたったの一度です。
その人生の幕を閉じる瞬間を、私たちは知りません。

いつかやろう、のいつかは永遠に来ません。
準備が整ったらやる、のその準備が整う日は一生来ません。
絶対にうまくいくアイディアが見つかったらやろう、その絶対にうまくいく
アイディアは考えているだけでは出てきません。

全ては動くことから。
動き出さなくては見えてこないものがたくさんあります。

誰だって最初は怖いです。
年齢を重ねれば重ねるほど、いろんな思い込みが、思考が、あなたのチャレ
ンジを邪魔するでしょう。
しかし、怖いけど踏み出した一歩が、あなたのこれからの未来を大きく変え
てくれるかもしれません。

好きなことで失敗することもあるけれど、好きなだけやりきる人生と、好きなことはたくさんあるけれど、我慢して諦めて中途半端な人生。

あなたはどちらを選びますか？

以前、アメリカのこんな研究結果を聞きました。

「どんな人にでも10万人より優れた才能がある」

これには驚きました。1万人とか2万人ではなくて、10万人より優れた才能が誰にでもある！　それならそれを見つけることができたら、それをやり続けることができたら？

ちょっと想像してみてください。

今この本を読んでくださっている皆様にも10万人より優れている才能がある！　のです。

ですからどうか自信を持ってください。

何も取り柄がない、なんて嘘ですよ！

あなたの心からやりたいこと、あなたの心から好きなこと、
是非どんどんチャレンジをしてください。

人生泣いても笑っても一度きり。

人生の主人公はあなたです。

あなたはいつからでも人生を変えることができる力を持っているのです。

最後までお読み頂きありがとうございました。

２０２１年７月　ＴＡＥ

TAE（タエ）

日本で唯一のミリオネア・マインドセット・マスターコーチ。

人材派遣会社でコーディネーター、メーカーでの営業職を通じてコミュニケーションスキルを磨く。2015年にチームフロープロコーチ養成スクールを卒業。これまでに延べ3,000名以上を指導。実績として、起業して8か月で年収が1億円超！ゼロからの新規事業が2年弱で月商1億円！ 赤字店舗が1年で年商1億円越え！ 起業から3年で売上100億円を達成！

など、“ミリオネア量産コーチ”として活躍中。YouTubeにて、ミリオネア・マインドセットをわかりやすく楽しく解説した動画を配信している。アメリカのカリスマ講師リー・ミルティアに師事し、日本人として唯一人「ミリオネア・マインドセット・マスターコーチ」の称号を与えられる。著書に、『100倍の富を引き寄せる ミリオネア・マインドセット』『3カ月で人生思いのまま！ カリスマコーチTAEのミラクル・ステップ』（以上、ビジネス社）がある。

公式ブログ（アメブロ）
https://ameblo.jp/taeco1020/

YouTube
https://bit.ly/2QY7LIN

Instagram
https://instagram.com/tae.singapore.coach?utm_medium=copy_link

Twitter
https://twitter.com/singapore_coach

公式ブログ

YouTube

Instagram

Twitter

装丁・本文デザイン・DTP／横田和巳（光雅）
イラストレーション／吉田一裕
校正協力／伊能朋子
編集／阿部由紀子

稼ぐ男のパートナーvs
稼げない男のパートナー

初版1刷発行 ● 2021年7月21日

著者

TAE

発行者

小田 実紀

発行所

株式会社Clover出版

〒101-0051 東京都千代田区神田神保町3丁目27番地8 三輪ビル5階
Tel.03(6910)0605　Fax.03(6910)0606　https://cloverpub.jp

印刷所

日経印刷株式会社

ISBN978-4-86734-028-8　C0095